谭坤——著

指阅读下的"非遗"数字传播

ZHIYUEDU XIA DE
"FEIYI" SHUZI CHUANBO

中国纺织出版社有限公司

内 容 提 要

文化与科技发展密不可分，随着智能手机和移动网络的普及，"非遗"更加迫切地需要保护与传承的新方法和新途径，在"拇指化阅读"的读屏时代，借助信息技术、移动网络等技术手段来探索适合当下大众传播习惯的新形式与载体。将"非遗"可视化、情景化、碎片化地应用在移动终端设备上，满足低头一族对于文化产品的阅读需要，实现"非遗"快速、有效的传播与展示。在本书中你将学习到可视化App、H5设计开发平台的使用，帮助设计师和"非遗"爱好者轻松编辑、发布、分享作品。本书共分为七章，从拇指时代的阅读特征到移动端"非遗"数字"悦"读的策划、设计、视觉表现、交互策略及设计开发全过程，以典型案例重点讲述了基于移动终端的"非遗"数字产品设计方法和技术实现手段。

图书在版编目（CIP）数据

指阅读下的"非遗"数字传播／谭坤著 . -- 北京：中国纺织出版社有限公司，2022.3 （2023.8 重印）

ISBN 978-7-5180-8944-4

Ⅰ . ①指… Ⅱ . ①谭… Ⅲ . ①电子图书—阅读—研究 Ⅳ . ① G255.75

中国版本图书馆 CIP 数据核字（2021）第 206698 号

责任编辑：谢婉津 责任校对：寇晨晨 责任印制：王艳丽

中国纺织出版社有限公司出版发行
地址：北京市朝阳区百子湾东里 A407 号楼 邮政编码：100124
销售电话：010 — 67004422 传真：010 — 87155801
http://www.c-textilep.com
中国纺织出版社天猫旗舰店
官方微博 http://weibo.com/2119887771
北京通天印刷有限责任公司印刷 各地新华书店经销
2022 年 3 月第 1 版 2023 年 8 月第 2 次印刷
开本：710×1000 1/16 印张：13.25
字数：230 千字 定价：68.00 元

前 言
PREFACE

　　移动终端数字化应用可满足低头一族碎片化、娱乐化、参与式的新阅读习惯，通过基于移动终端的"非遗"类数字应用产品的策划与设计实践，有助于"非遗"资源的体验与传播，为"非遗"从平面传播保护向互动式立体化传承、主动式创新转化提供借鉴模式。本书是北京电子科技职业学院北京市属高等学校入选青年拔尖培育计划项目支持成果。从本项目立项开始，项目组成员围绕"非遗"做了大量采集和数字传播工作。在访谈传承人的过程中，听到最多的话就是大众关注度低、"非遗"技艺后继无人、"乏味，年轻人不愿意学"，其实真的是大众对传统文化不感兴趣了吗？故宫推出了多款App，成功地将文化遗产搬到了移动终端。随后又推出了数字故宫、紫禁城600年、畅游多宝阁等多款微信小程序和微信H5，让用户通过交互式体验感受中国传统文化的魅力和意蕴。除了移动终端数字开发，故宫还搞文创、上综艺，"年轻化"的故宫火速"出圈"，成为年轻人喜欢的"网红"。中央电视台推出的大型文化综艺节目《国家宝藏》短时间内迅速以集看剧、长知识于一身的高段位轰动全国、火遍网络，通过电视呈现的手段让文物活起来，也让更多人关注参与到文化遗产的保护中来。其实不是大众对传统文化不感兴趣，而是传统文化传播的载体和途径发生了改变。在新媒体时代，人们的注意力难以集中，但是在符合新媒体表达方式的产品面前，人们的注意力又难以分散。"非遗"技艺传统的传播载体有书籍、文献、画册，主要传播途径是师傅带徒弟、口授心传。然而目前我们经常说的一个词是传统文化遇冷，事实上，知识的传播从来都与技术的飞跃相生相伴。过去的千百年里，印刷技术的一次次进步都带来了知识传播的跃升。随着移动终端产品成为人们日常的消费品，指阅读以其强交互性、强代入感、强娱乐性、强碎片性成为目前数字阅读的主流媒介。让传统文化活起来，要的是立足传统文化的丰富内涵，探索轻松、生动、亲切的展现和解读方式，拉近文化遗存与社会、大众的距离，与观众的期望互动，用人们喜闻乐见、具有广泛参与性的方式推广开来。

　　随着智能手机和移动网络的应用，我们逐步走入拇指化阅读的读屏时代，读屏时代的阅读可以在滑动的屏幕中，可以在生动的声音里，可以在沉浸式的游戏里，指阅读时代，人们的阅读获取更加随时、随地、随心。曾几何时，开发一款App、H5需要UI设计师、程序开发团队共同配合完成，耗时耗力耗资。在本书中你将学习到设计师可以自主研发上线的App、H5设计开发平台，帮助民族文化爱好者轻松编辑、发布、分享作品。本书围绕指阅读下的传统图形元素设计、策划创意、界面设计、交互体验、"非遗"类的App设计、基于微信的"非遗"类H5设计进行讲述。让传统文化与今天的人们深情对话，传承记忆，滋养心灵。让"非遗"技艺在屏幕中"活起来"，在观众的指尖"火起来"。

　　本书共分为七章，包括拇指时代的阅读与"非遗"数字传播、别出心裁的策划创意、界面设计中的多维策略、营造沉浸式的交互体验、适合精读的App设计、适合碎片化阅读的H5页面设计和指阅读下的"非遗"数字传播设计项目。从拇指时代的阅读特征到移动端"非遗"数字"悦"读的策划、设计、视觉表现、交互策略及设计开发全过程，重点讲述了指阅读下的"非遗"数字产品设计方法和技术实现手段。本书得到了项目团队成员的大力支持，其中唐芸莉老师提供了第七章"聂来捏趣"项目的设计和技术支持，吕悦宁、陈金梅、刘正宏老师提供了部分作品的设计支持。感谢在项目采集、调研过程中采访过的"非遗"传承人，书中剖析的App、H5案例及其他案例的设计开发者，北京电子科技职业学院艺术设计学院数字媒体艺术设计专业的学生提供了部分设计作品，在此一并表示感谢。本书中展示的"非遗"数字化案例以传统美术和传统技艺为主，"非遗"数字化传播的途径和策略同样适合其他类别的"非遗"项目。笔者能力有限，如有疏漏、不妥的地方还请读者批评指正。

谭　坤

2021年初夏于北京

目　录
CONTENTS

第7章   指阅读下的"非遗"数字传播设计项目

第1章
拇指时代的阅读与"非遗"数字传播

1.1 拇指时代的阅读

阅读是人类认识世界及文明延续与发展的重要手段。人类的阅读活动与社会的发展相生相伴。人类通过对大自然的观察，发现并使用了火，经历了一个从利用自然火到人工取火的漫长过程。这个过程体现了一个原始的学习过程，即由恐惧到认识再到使用。人类在长期的采集生活中，发现了作物年复一年生长的奥秘，从而发明了定居的种植农业。人类在长期的与大自然斗争的过程中向自然学习，是文字出现之前人类原始的阅读方式。文字出现以前，人们是靠口耳相传的方式来进行知识信息的传递和交流，但随着生产力水平的进步、社会的发展、知识经验的大量积累，人们发明了 "结绳记事"等方法来帮助记忆和表达思想。人类阅读活动的开端自此产生。读天地之书，探究自然的奥秘，是人类的思想之源；读文字之书则让思想得以创造、升华、展示和传播；数字之书把人类带入信息社会，人类既是信息的接收者又是信息的发布者，分享式阅读成为主流。纸质书读的是情怀和记忆，读 "纸"读的是纸质书独特的质感，如装帧、书香气、随手圈圈点点的真实感，都帮助大脑增强了情景记忆。数字阅读是在拇指来回滑动屏幕的过程中寻找、获取、阅读、交流互动，我们称为 "指"阅读。读 "指"读的是富媒体的用户体验，同时还可以社交式地寻找图书、分享心得。不论是 "读纸阅读"还是 "读指悦读"，更值得关注的都是阅读本身。不同阅读方式只是介质不同，重要的是读到好书时的获得感和满足感。

1.1.1 数字阅读成为主流阅读方式

"全民阅读工程"已被列为我国 "十三五"时期文化重大工程之一，并被提升到国家战略高度，全民阅读也成为坚定文化自信的重要途径❶。

---

❶ 吕奇伟.浅谈全民阅读对坚定文化自信的重要意义[J].出版广角,2018(19):29-31.

2021年4月16日,《2020年度中国数字阅读报告》正式发布,报告显示,2020年中国数字阅读用户规模为4.94亿,同比增长5.56%。人均电子书阅读量9.1本,人均有声书阅读量6.3本,较2019年增长5.5%。与此同时,人均纸质书阅读量6.2本,同比2019年减少2.6本。2020年用户平均单次电子书阅读时长为79.3分钟,纸质书阅读时长为63.2分钟,有声书阅读时长为62.8分钟,17~22点是阅读的"晚高峰"。随着数字阅读习惯的养成,越来越多的用户也更愿意为优质内容付费。❶

随着互联网的快速发展和移动5G时代的到来,移动智能终端的使用日益广泛,我国已经进入移动互联网信息时代,大众的阅读方式业发生了巨大变化,一部分读者从传统的以图书、画册、杂志、报纸为载体的纸质阅读逐步转向移动端数字阅读,成为数字出版产品的用户。打开电子书浏览器,大量图书一键下载;扫一扫二维码,移动终端就能播放有声电子读物;安装App,纸质画册中的作品就会立体地、动态地呈现出来,随时根据用户需求进行互动;戴上虚拟现实眼镜,仿佛沉浸在书中的场景中……从"一书在手读"到"一屏读万卷书",从"读纸书"到"指翻书"的改变,让人们随时随地享受阅读的乐趣,使阅读以多种方式融入日常生活,令人随时随地都能走进"数字书房"。

1.1.2 从读屏到小屏,从小屏到碎屏

阅读是传承人类文明成果的重要载体。从甲骨文、碑文、竹简、帛书,到近代的笔墨纸砚,人类经历了漫长的纸阅读过程。纸质阅读是以一种实体的形态出现的,这种阅读方式的特点是让用户具有可直接接触的真实感,即可通过阅读载体来直接感知其材质、重量、肌理或气味等。数字科技的发展和应用使人类越来越频繁地需要面对各式各样的信息呈现、交流与反馈,人类完成了从纸到屏幕的阅读介质的改变,电视屏幕、电脑屏幕、投影、平板电脑屏幕、数字触摸屏等各式各样的屏幕成为阅读介质,

❶ https://baijiahao.baidu.com/s?id=1697268866349917437&wfr=spider&-for=pc

读屏改变了人们从读纸获取信息的方法。读屏相对于读纸增加了富媒体的视听和交互体验感。除了文字，图像、动画、音视频等多种媒体融合在屏幕里进行交互，大大提升了读者的用户体验。随着手机和移动互联网的普及，小屏智能手机让阅读变得更简单，更加随时随地，拇指阅读成为小屏时代的主要特征。在快节奏的生活方式下，人们阅读的时间越来越短，地铁、公交甚至厕所都成为人们阅读的时间，移动阅读的便利性也不可避免地与时间碎片化紧密联系，我们又从"小屏时代"进入"碎屏时代"。"碎屏时代"的到来自然更加加剧了阅读行为"碎屏化"的发展。我们可以把碎片化时间尽可能地利用起来，在忙里偷闲中快速了解海量信息，也让我们产生我与这个世界同步的安全感。"碎屏时代"的短视频、分享式阅读、社交式阅读成为"碎屏化"移动阅读的主流。

1.1.3 数字阅读是阅读的革命还是革掉阅读的命

人们借助手机、电脑、电子阅读器等设备使"读万卷书"成了一件轻而易举的事。通过数字路径所获得的阅读资源，要比纸质的内容更丰富、更动态、更快捷。进而导致纸质图书的阅读量逐年下降，阅读的深度也随之降低。使用数字设备阅读，检索快捷、储存量大、携带方便，不用像读纸质书那样受时间、空间的限制。在数字化时代，快节奏、碎片化的生活方式，人们不自觉的通过拇指滑动屏幕快速获取信息，但这种快速读屏的方式让读者没有太多深入思考的时间和过程，阅读的深度会降低，使阅读变得短暂而肤浅，长时间盯着手机屏幕看，眼睛也很疲劳。在如今快节奏的社会语境下，已经有太多人失去了阅读的耐性，"没有时间""没有阅读的冲动"等理由使我们平时会更多地选择刷微信和短视频等阅读方式。于是反对数字阅读的呼声也越来越高，认为长此以往，纸质阅读会消亡。关于阅读，纸和屏只是阅读内容的展现介质。人们真正选择的是内容，而不是介质。主要还是阅读者的兴趣和取向问题。是否有效阅读、是否润养精神，具有决定意义的在于所阅读的内容，以及阅读过程中所付出的心力，而不是哪一种形式的介质。数字化阅读时代，各种阅读类 App 层出不穷，根据读者的兴趣个性化地推荐阅读内容，读者阅读之后还可以留言互动，弥补了过去纸质书单向信息传递的不足。开发优秀的数字阅读内容、提供一个沉浸式的阅读环境和好的阅读体验是关键。

1.1.4 数字阅读转向数字"悦"读

阅读体验是指读者在阅读过程中身心感受到的最直观的情感体验。当读者在进行阅读活动时，不仅仅是单纯地接收和获取图文信息，还会有各种感官被综合调动。读者的阅读体验会受到很多方面的影响，包括阅读时的周围环境、阅读载体和阅读内容的视听感受、阅读资源、阅读互动等内容。设计师为了给读者带来更好的阅读体验，尝试了很多的方式，比如，通过视觉内容的设计、友好的界面、及时的反馈和提醒、阅读方式的人性化或趣味性设计、数字设备界面的显示方式设计、阅读载体屏幕版面的设计等来为读者供视觉、触觉、听觉等多方面的感官享受。随着数字信息科技的进步和发展让人们体验到更加丰富多彩的信息呈现以及更多的交互体验和创新方式。

（1）感官上的赏心悦目。数字阅读产品的视觉风格能为读者供最直接的艺术感受，产品中的视觉体验能够在第一时间通过产品的界面风格、色彩搭配、页面布局、版式设计、主视觉图设计、图标按钮等视觉语言的表现让用户形成清晰的认知。界面风格作为用户初次体验应用时最先看到的部分，影响着用户对产品的兴趣和感受，功能模块的布局是否清晰合理以及界面排版的易用性和是否便于阅读也对用户的使用体验有着影响。在人类的感觉体验中，听觉体验的重要性仅次于视觉体验。在数字阅读产品的设计中，听觉通常是作为视觉的补充与延伸，使视觉感受变得更加完整与丰富。有声读物、背景音效、按钮音效、场景音效、交互式语音、提示反馈音效、气氛音效等为读者提供多样化的听觉体验。触觉与视觉同样有着重要的联系，电子书大多是利用多点触摸技术表现翻阅书籍的触碰感受，用户在电子屏幕上通过点击、滑动、按压、拖动、缩放、平移等的动作与触觉感知，获得不同的操作反馈和愉悦感受，从而可以更好地增强阅读体验。数字阅读产品设计师应通过不同的交互设计手段为用户营造愉悦的感官体验。

（2）交互上的悦目娱心。数字读物的交互体验更多侧重产品的功能体验。一个数字产品提供给用户的功能是否能够真实地满足用户需求，是否能够给受众提供更多的便捷性，用户操作得当时予以鼓励、操作失误时予以及时提醒，各种操作和交互是否顺畅等都是提升用户体验的交互手段。在数字读物设计方面，应该充分考虑使用数字读物的受众特点，并根据用户需求来确定主次功能。帮助增加体验的友好性，匹配用户情感，细腻地贴合用户的个性，并发现交互的不足，以便设计的完善与改进。在设计中，应该充分了解用户的使用流程与行为，在此基础上去设计用户如何到达某个页面，并且了解他们做完当前流程之后会去什么地方。充分了解用户对数字读物内容的学习路径能够更好地根据用户需求去确定产品功能。提高用户的阅读体验主要可从两个方面入手，即减少操作步骤和降低用户操作的难度。尽可能让更多的用户在尽可能少的操作步骤内完成操作，并且及时给予反馈。

（3）情感上的心悦诚服。情感上的体验是用户体验的高级形式，当用户接受了视觉上的审美，认可了功能需求，那么用户就对产品在情感上产生了认同感，还有产品背后的一系列价值。情感体验本身是一个产品呈现给用户的心灵上的感受，并且能够让用户对于产品本身产生一种品牌信任感。一个成功的数字阅读产品，能够在产品充分满足用户的情感体验需求之后，增加产品的趣味性与美观性，让用户在使用产品时增加愉悦感和对产品的好感，并且能够充分认同产品的品牌价值。高级别的用户体验境界是通过良好的体验与细节的关注给用户传递出一种价值温度。一个好的情感体验产品，哪怕知道只是一则广告，用户也会去积极主动地分享，从而完成了分享式、社交式阅读。

1.2 "非遗"数字化保护与传播

一个国家、一个民族的强盛，总是以文化兴盛为支撑的。没有文明的继承和发展，没有文化的弘扬和繁荣，就没有中国梦的实现。美术、艺术、科学、技术，相辅相成、相互促进，相得益彰。要发挥美术在服务经济社会发展中的重要作用，把更多美术元素、艺术元素应用到城乡规划建设中，增强城乡审美韵味、文化品位，把美术成果更好地服务于人民群众的高品质生活需求。

时代的变迁，数字媒体行业近年来在我国呈现爆炸式发展，新时期我国社会已形成"万物皆媒"的新媒体环境，数字媒体技术在经济社会生活中获得了广泛应用。中华优秀传统文化要想与时代同行，必须结合现代设计理念，运用现代技术手段，以数字媒体技术创新为表现形式，重新挖掘和整理，并融入现代艺术教育体系中，建立基于数字技术的传承机制和创新方法，才能让传统文化重新绽放其魅力和精彩。

非物质文化遗产是历史沉淀产生的人文精神、发明创造和公序良俗，我国的"非遗"具有独特的中华民族文化基因，是中华民族精神的重要组成部分，是维系中华民族的民族情感基础。正因如此，"非遗"的传承和保护在中华文明的传播中有着无可替代的作用。保护与开发"非遗"文化的方式很多，而数字化技术是最直接有效的方法和技术手段。数字化手段伴随着科技的进步和发展，快速渗透到人类社会经济与文化的各个领域。对"非遗"进行数字化保护与开发，就是通过数字化的技术手段和方式将传统的文化遗产进行原生性采集、科学的素材加工、技术性转换、创意性开发、网络化的传播，变成可储存的、可创新的、可衍生的数字化形态的产物，采用的技术手段有数字采集、数字储存、数字处理、数字展示、数字传播等，并以当下创新的视角对"非遗"加以技术性解读，以全新的方式加以整理和保存，以当下最新的时代需求加以创新，实现对"非遗"的技术性记录、保存和传播。利用数字化媒体作为技术载体，可以将"非遗"以更简单直接、大众最喜闻乐见的方式进行传播，让更多的人去了解、认识"非遗",增强人们对于文化遗产的保护意识。让民众了解"非遗"、参与"非遗"保护、自觉传承"非遗",是"非遗"保护的最根本的出发点。

1.2.1 记录濒临消失的"非遗"

非物质文化遗产重在活态传承,与"人"关系紧密,随着传承人的生老病死、"非遗"技艺所需原材料的匮乏,"非遗"也处在不断的流变过程中。一些"非遗"存在接班人难寻、年轻人不愿意学、城市化进程导致"非遗"所需民俗生态变化等问题,正在逐渐走向消亡。许多国家级非物质文化遗产代表性传承人在70岁高龄以上,个别"非遗"项目出现了"人在艺在,人亡艺绝"的窘境,数字媒体的技术手段的介入,对传承人技艺与记忆开展抢救性记录与保存,对活态传承困难、濒临消失的"非遗"实行抢救性保护具有重要的社会意义。以抢救方式记录他们的技艺,记录方式中既包括传承人综述等文字内容,也包括翔实的录音、影像资料。通过影视、VR等技术可以把这些"非遗"的技艺、使用场景、文字记录之外的"非遗"活态内容存续下来,通过App、H5、微信公众号、小程序等手段让不同年龄段的人群进行学习、传播。

1.2.2 便于存储维护和展示

相对于纸媒,数字化的留存方式可以一次性处理、多次利用,且存储方便,不受时间、空间、实物维护等要素的限制,不仅节约了制作成本,也极大降低了存储成本。尤其对于侧重图片、音像存储和传播的非物质文化遗产形态而言,数字化采集具有明显的适应性和技术优势。展品的展出维护也需要一定的场地,即使能够充分展示藏品,也受时间、空间的限制,还存在空间利用率低、展览时间短、维护时间久等问题。数字化的展示方式可以很好地规避以上局限,最大限度发挥数字产品多角度、多维度、交互性的展示特点,也可以让用户参与到产品的展示互动中来,很多博物馆在展区设置了交互体验区。甘肃省博物馆借助3D复原文物、3D复原场景、3D文物交互等多种手段，实现对文物的数字化多维度开发，为参观者提供了线下结合线上的综合性观展体验，通过数字技术手段还原文物原有的场景、用途、变化和价值，让文物得到更全面和立体的解析。如图1-1所示，在"铜奔马'动'起来"微信小程序中，用户可以对文物进行360°旋转、局部细节放大、文物背景信息查询等多种操作，全方位欣赏和分析文物的外观、形制、质感、工艺，从感觉、听觉、触觉的角度使文物可观、可鉴、可触、可知、可玩，用视频和动画还原文物在历史语境中曾经的鲜活与生动。线下参观和线上体验的展示模式所提供的交互空间是保证观者多重感官体验的承载基础，是影响观者体验展示过程和效果的重要设计因素。因

图1-1 "铜奔马'动'起来"微信小程序
（甘肃省博物馆三维文物交互微信小程序）

此，在展区的交互体验设计之下，人与展览之间的关系不再是单向的输入，而是在感受叠加的复合体验下形成的一种往返互通的双向交流模式。

1.2.3 便于穿越时空传播

"非遗"内容的移动数字传播打破了现实时空的限制，能在任意的时间内被更多的受众所了解和感知，从而节约了受众的时间成本和学习成本。在这场突如其来的新冠肺炎疫情中，民众于家中隔离无法出门参观，只能转由线上进行"云学习""云游览""云参观"，虚拟观赏平台用户人数激增。受承载能力、接待能力、地域等限制，故宫的风采很难被更多的游客所欣赏，而"V故宫"将借助VR硬件，为人们真实地还原故宫的一景一貌，带来沉浸式的体验。"数字故宫"微信小程序能让用户在手机上云游故宫，疫情期间，故宫博物院开启了2020年的故宫首次直播，带领大家"漫步"故宫，感受历史的温度。线上直播"云旅游"的新玩法，为这座古老宫殿注入了全新活力，为用户带来直观、真实、震撼的线上游览感受，让用户足不出户也能逛到过瘾，让人随时随地走进故宫，感受这座文化遗产的魅力。此次抖音"云端旅游局"的推出，是抖音直播在内容营销和场景营销上的又一次创新尝试。"非遗"文化也可以借鉴"云学习""直播"等形式，让大山里的"非遗"文化走入现代人的生活，也让传承人通过市场销售检验自己的作品，进一步提升技艺水平，促进"非遗"传承。

1.2.4 沉浸式的视听体验

"非遗"的传统传播形式一般是书籍、画册、"非遗"展览或传承人"口传心授"，传播方式相对单一，网络数字化技术为受众提供了接近于实境感知的沉浸式视听体验。"韩熙载夜宴图"App让收藏在故宫里的文物"活起来"，故宫博物院所藏的绘画作品中，五代时期顾闳中的《韩熙载夜宴图》堪称经典，但由于珍贵书画藏品保存和展出的特殊要求，这一珍品能够呈现在观众面前的机会十分有限。数字技术弥补了这一缺憾，故宫博物院推出的"韩熙载夜宴图"App设计了三层立体赏析模式：总览层、鉴赏层和体验层，使这幅"数字画卷"可远观、可近赏，向观众全方位解读画作中的每个细节。观众的指尖可以拖动画卷浏览，画中的烛光、人物、用品名称、典故将一一呈现，若指尖所触为画中带链接的人物或器具，稍做停留则可见画面呈现文本释义，部分人物还会呈现鼓掌、敲鼓等动态，个别场景中的"真人"入画则是艺人用"非遗"南音演绎的画中乐舞，真正给观众带来了画到现实中的沉浸式体验。

　　"释迦塔"VR让用户仿佛进入塔体，身临其境地体验古建筑的魅力。通过虚拟现实硬件设备，让游客"浸入式"走遍木塔每个角落，细致入微地观察木构奇迹，用户在这个兼具娱乐与教育的学习空间里参与、沉浸，在"真实"建筑和体验交互游戏的过程中发现有效的知识信息和有趣的历史脉络，如图1-2所示。

图1-2 "释迦塔"VR
（https://v.qq.com/x/page/n051498xphr.html）

"全景故宫"H5轻应用无需下载App和安装，打开微信就可以浏览。以游客的游览视角为出发点，让用户随时随地实现"指尖漫游"全景故宫，更加强了产品的功能性，让游客"能看""能听""能导航"，感受身临故宫一样的沉浸式体验。

"非遗"选题也可借鉴故宫用数字化的方式来解读传统文化。让"非遗"内容在沉浸式的视听体验中注入更多人心中，也为大众零距离接触"非遗"提供了方便。

1.3 "非遗"数字化保护与传播路径

1.3.1 原汁原味的素材采集与处理

赴"非遗"传承人工作室用标准化、碎片化、数字化的模式采集和加工"非遗"制作技艺资源素材，素材包括：文本、图像、视频、音频等。其中经过提炼、加工和整理的图、文、视频等素材均属于第一手资料，可归纳成为历史由来、工艺流程、名家传记、作品赏析、风俗奇趣、影音"非遗"、图说"非遗"七个方面，成为研究"非遗"项目历史、工艺、流传、风俗等重要的工具资料。图片资料主要有高清原始素材、去背高清图像、衬底高清分层图像、360°旋转序列图像或连续动作的序列帧图像。它们是设计师、艺术院校师生设计开发产品的优质素材。高清视频采集加工可分为三个主题："非遗"项目综述、"非遗"项目工艺、"非遗"大师访谈录。"非遗"项目综述介绍"非遗"技艺的整体情况；"非遗"项目工艺主要展演"非遗"项目制作过程的主要关键流程；"非遗"大师访谈录是大师针对"非遗"项目的技艺、内涵、保护、传承、创新的问题阐述自己的观点。

1.3.2　趣味性的体验动画制作

　　"非遗"与动画的融合是"非遗"项目普及、传播、传承以及保护最有效的途径之一。"非遗"动画也特别适合低龄人群建立对"非遗"的认知和兴趣。从"非遗"传播与创新的角度来看，以动漫产业、衍生品和动漫市场作为载体向受众传递"非遗"，有巨大的普及、传播价值。用动画来传承"非遗"，可以培养青少年对"非遗"的兴趣，引导青少年对"非遗"的关注和认同，触发他们学习和传承实践的行为，具有积极的社会意义。同时"非遗"题材也为动画的创作提供了丰富的土壤。有很多"非遗"项目与动画有着千丝万缕的联系，比如皮影、剪纸、壁画、年画等。"非遗"的故事是动漫创作的丰富素材，一些优秀的动漫作品都取材于"非遗"故事，除了大火的《哪吒之魔童降世》，还有近两年口碑较好的《大圣归来》《大鱼海棠》等几部优秀动画电影作品都取材于传统故事。"非遗"中有丰富的传统美术元素和设计元素，如剪纸、年画、泥塑、传统雕刻等适合以动漫形式进行表达，民间的舞蹈、传统戏剧、传统手工艺等也能够通过造型、场景、动作等动漫美术语言呈现。

　　动画与"非遗"相结合的展览展示方式，既可以加快"非遗"与现代生活的对接，消除公众对"非遗"的陌生感，又可以通过对"非遗"元素的运用，为动画提供更广阔的创作空间。运用动画可以更好地将"非遗"融入现代生活，在寓教于乐中探索和推动"非遗"保护工作。如结合惠山泥人的历史、风俗及工艺，开发适合青少年和儿童用户浏览观看的动画，以惠山泥人的故事为背景，赋予卡通角色以灵魂，基于叙事法，通过卡通角色来讲述惠山泥人的前生今世，运用动画的方式讲述一个关于惠山泥人的小故事，如图1-3所示。以动画短片的形式进行数字化表达的实践，有利于将"非遗"中蕴含的文化信息以生动形象、便于记忆、符合现代审美的方式予以传播，开拓"非遗"保护与传承的思路。

图1-3　惠山泥人动画

1.3.3　富媒体体验的电子读物

　　电子读物绝不是简单地把纸质图书搬到电子屏幕的数字复制品。在数字阅读的背景下，电子读物的设计上升到了富媒体的用户体验上。电子读物以丰富的图像、视音频、动画、文字、画外音解说等多种媒体的交互视听体验为主要表现形式，可以全面介绍"非遗"资源的风俗、起源、技艺特点、传承人作品等内容，因此其内容系统化、全面化、逻辑化，用户根据需求可多次查阅，以精读为主，除了可以系统地学习理论知识，融入了多种媒体形式进行展示，还可以直观地多角度观看作品，如图1-4所示。因其表现内容碎片化、个性化，学习时间灵活化，通常适合青少年、社会爱好者学习。基于内容的阅读体验是数字读物设计开发的核心体验。以图文并茂且配有声音的"非遗"电子书是社会爱好者、初期学习者了解"非遗"历史知识、技艺的有效载体。从长篇累牍式的书籍结构调整为更加方便移动阅读的几分钟时长的"小阅读"，使读者充分利用碎片化时间进行阅读，同时兼顾内容的系统化，调动多种视听体验的媒体共同参与，满足精读用户的需要。还要根据友好的界面设计、易用性的导航、丰富的交互

图1-4 "越窑青瓷"交互式电子书
（"带你走进名窑"中国陶瓷文化系列电子读本，上海工艺美术职业学院数码艺术学院出品）

视听、流畅的链接、愉悦的转场等内容设计给予用户良好的用户体验，将"非遗"资源转化成交互数字产品不仅是"动起来"就可以，还要挖掘产品受众的浏览习惯，设计出符合不同用户群浏览的产品。产品不只起到讲解作用，更应该有公众的参与感。

1.3.4 学习体验于一体的移动终端App

一款介绍"非遗"资源的移动终端App如果按照传统的知识型叙事结构向用户进行介绍，可想而知，App的优势未能发挥出来，而劣势却是显露无遗。从内容的丰富性、媒体资源的交互性、屏幕展示的流畅性上，移动终端App都远远不如基于大屏幕平台的网页或电子读物。因此，"非遗"类的App如果只是简单地将大屏幕展示的内容缩小至移动终端App版本，内容简单、交互方式单一、缺少有效的互动，由于App的安装占有移动终端设备的内存空间，用户很有可能在看完一遍后，就将App卸载了。面

向 "非遗" 资源介绍的 App 界面设计只有将叙事内容与用户的互动体验结合到一起才能提高 App 的可用性和生长性。基于移动终端平台的沉浸式交互游戏，将景泰蓝复杂的工艺流程用身临其境的体验形式移植到虚拟的移动终端 App 产品上。将景泰蓝传统工艺与虚拟交互技术手段相结合，用户通过移动终端可以置身于真实的景泰蓝制作环境中，体验景泰蓝的制胎、点蓝、烧蓝、磨光等工艺流程。通过游戏体验，用户可以自主完成一个完整的景泰蓝作品。同时，在硬件条件允许的情况下，可实现 3D 打印。以 App 的形式发布，应用于移动终端供用户下载使用。玩家在玩的过程中体验景泰蓝的工艺流程，游戏中提供的花纹、色彩、器型塑造功能可让用户在了解景泰蓝知识的基础上进行景泰蓝产品创作，有较强的趣味性，适合儿童、青少年、社会爱好者学习，如图 1-5 所示。

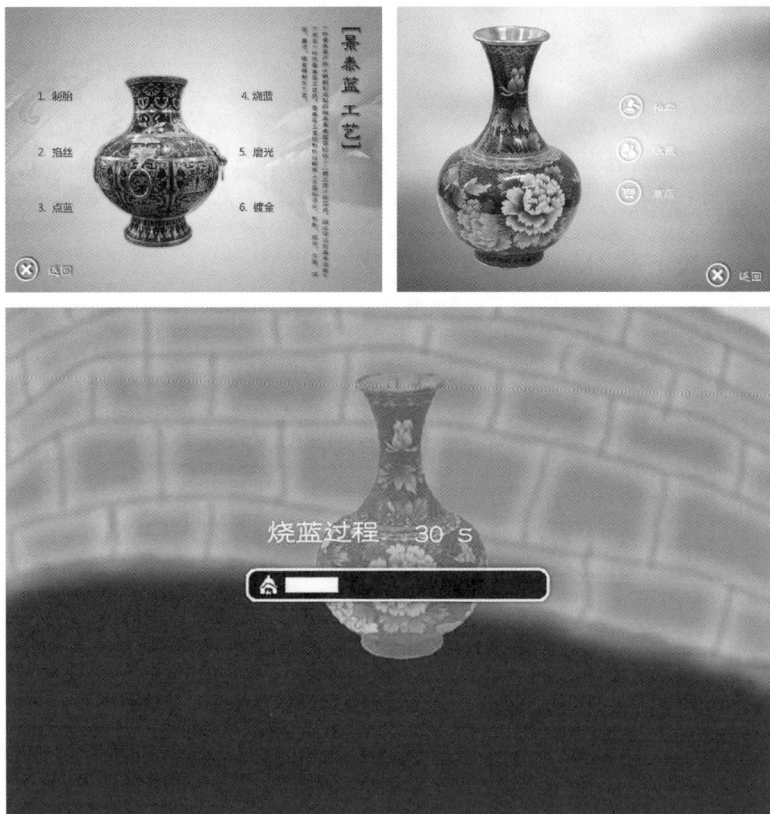

图1-5 "景泰蓝" App 设计

（设计：李悦萌、王晨；指导教师：谭坤、吕悦宁）

1.3.5 便于分享的H5和公众号

微信公众号的优势在于具有广泛的用户基础和强大的传播功能，优质的内容可以通过微信公众号实现井喷式的转发，受众不仅是信息的接受者也是信息的传播者，微信公众号已经成了"非遗"传播的重要途径。在"非遗"信息采集的基础上通过梳理"非遗"内容，挖掘"非遗"项目和传承人的文化内涵，保证"非遗"传播的原汁原味，形成有趣、碎片化的连续微内容在公众号转发，保证用户的浏览黏度，同时把好内容质量、展览形式、更新频率关，充分利用信息手段最大限度地创造现场感和沉浸感。

H5页面最大的优势在于跨平台，它可以兼容iOS、安卓系统，适应手机、平板等各种终端设备。H5页面在微信上均以轻应用的形式出现，H5页面和原生App不同，它不需要安装，即点即开，具有开发周期短、传播性强的特点，以轻应用带动重品牌的策略是H5页面同微信的最佳结合点。H5应用页面的关键词是"拉新、分享、留存"。浏览者通过转发传播，适合展示民族文化中的典型、热点内容，满足移动终端用户利用碎片化时间在移动终端进行扫视性浏览的习惯。"民间风筝"H5页面归纳、总结了民间风筝的精彩内容，如风筝与习俗、曹氏风筝的由来、风筝家族、风筝的扎糊诀、风筝大师及作品等内容，将其提炼为短小、精彩的H5页面，融合了动画、音乐、文本、图像进行图文浏览型设计，发布于微信，用户通过扫码二维码即可利用碎片化时间阅读、浏览，如图1-6所示。

1.3.6 沉浸式的虚拟体验

AR技术作为近几年异军突起的一种新兴数字技术，可以实现高精度、大规模、交互性强、受众广的"非遗"展示方式。基于VR/AR技术创造的内容在形式上可以实现多样化，可以是音频、视频、游戏、沉浸式体验等，能够适应不同人群的需求和品味，让大众能在"非遗"得到保护的情况下从多个方面深度接触"非遗"项目。VR/AR技术特有的互动性提高

图1-6 "民间风筝"H5页面

了大众的兴趣和用户参与度。遥不可及的"非遗"成了触手可及的移动文化产品，过去只能隔着屏幕、隔着书本了解的东西，如今可以亲身体验。在互动过程中，观众的主观能动性被调动起来了，用户的学习黏度也得以提升。"晬颜"App的界面简约而精美，左右滑动手指可查看京剧角儿的详细介绍。除了了解京剧知识，还可以根据面容、服饰、背景、其他配饰等创作京剧形象，点击人物名称下方的小眼睛即可唤出。将镜头朝向水平面，京剧人物的 AR 形象便会跃然于平面上，如图1-7所示。

2019年由武汉市档案馆、武汉广播电视台及武汉市文旅局推出的 AR 影像图书《了不起的"非遗"》，该书首创"互联网＋书籍＋AR"的形式，

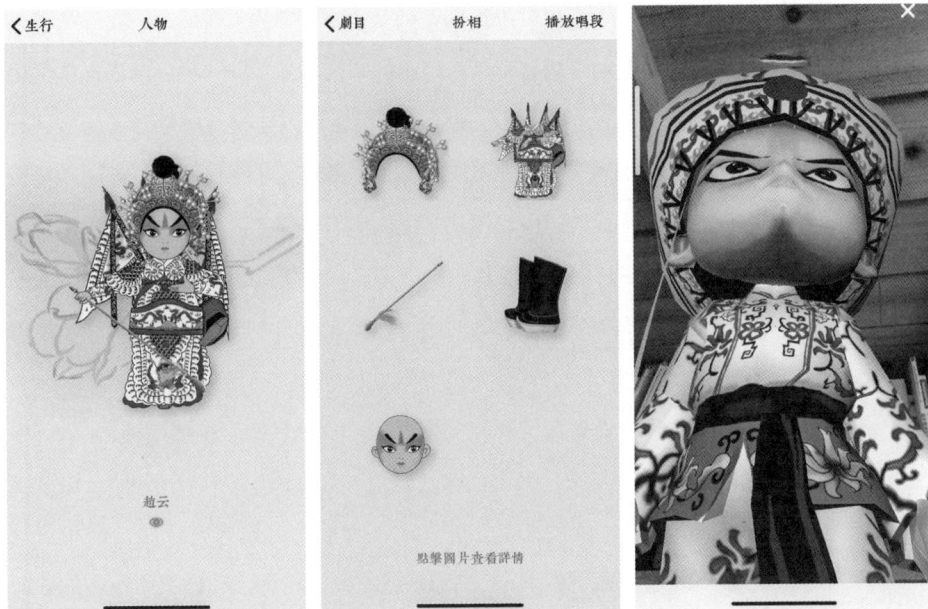

图1-7 "晬颜"App

（供应商：Hongming Zhu；版权：©2003 TAC Tongji）

通过 AR 技术扫描图书相应页面上的识别码，即可观看"非遗"传承人口述音像视频资料，读者阅读文本的同时，通过扫码便能观看相关高清视频，将珍贵的"非遗"口述和影像档案呈现，通过纸质图书与数字资源互动的方式助力"非遗"保护。

1.3.7　受众喜爱的文博探索节目

大型文博探索节目《国家宝藏》自开播以来一直热度不减，第三季更是在一片叫好声中拿下三季以来的最高评分。"前世传奇"通过舞台戏剧的方式完成的微型历史剧表演，演绎一段基于大量史料合理联想的故事，让观众可以在生动感人的历史故事中，触摸每一件国宝的历史温度。"今生故事"对文物赋予专业性、知识性、通俗性、艺术性、科学性的讲解，将文物价值与当代科技、文化融为一体。节目播出后很多博物馆门口排起了参观长队，有力地促进了社会公众对传统文化的兴趣。在纪录片《我在故宫修文物》中观众可以近距离看到文物修复师的工作场景，实际感受到文物的文化内涵和修复者背后所付出的辛苦，从另外一种角度让传统文化更好地被人们认知。"非遗"资源的传播也可以与文博探索节目结合到一起，通过文博探索节目的形式向大众进行推介。《百心百匠》尝试用年轻人喜欢的表达方式讲述中华传统文化的传承价值，以赤诚之心守护中华传统文化。通过讲述名人深度体验的故事，将传统文化（匠人）与年轻人联结，在现代文明和历史传承的对话里，让遇冷的中国传统文化及其传承者重获关注。

数字化开发保护应注重挖掘文化遗产所蕴含的"中国精神"，以"中国精神"重现"非遗"文化，以"非遗"文化展现"中国精神"、讲述当代"中国故事"。数字技术让"非遗"传播变得更具科技感，但不可让"非遗"数字化成为数字技术的堆砌或炫技，利用"非遗"所蕴含的独特传播优势，以内容为中心，开发大众喜闻乐见的"非遗"文化体验形式。"非遗"的传承需要与时俱进，但"非遗"传播也要有温度和质感。数字技术与"非遗"的结合，要重视对内容的精心打造，以更强的互动性和体验性来充分展现"非遗"文化之精髓，打造"非遗"文化IP，不管数字技术如何发展，文化内涵不能丢，数字技术是为文化内涵服务的。"非遗"数字化的过程中应遵循数字化保护、数字化研究、数字化展示、数字化传承、数字化创新的思路，遵循"内容为王、技术为器、用户为中心"的数字化开发思路，创新传播形式，以数字化手段活化"非遗"内涵。

第 2 章
别出心裁的
策划创意

由于移动终端的小屏幕展示特点，界面设计如同戴着手铐跳舞，小屏幕阅读受众的阅读时间往往都是碎片化的，内容和展示形式上必须新颖才能打动人心。"非遗"选题的移动数字化应用要避免平铺直叙的讲述、大而全的书籍式介绍、酷而炫的数字技术演示，在探索适合碎片化、小屏幕阅读的数字内容讲述方式，从选题到脚本，找到适合选题特征的呈现形式。

2.1 选题——小切口引出大文化

选题即产品所表现主题的核心内容及切入点。小切口引出大文化的表现手法常用在视频类作品中。纪念故宫博物院建院90周年的献礼之作——《我在故宫修文物》，以故宫文物为主题，以日常视角切入故宫文物修复工作，通过讲述文物修复专家与文物之间的生动故事来拉近观众与故宫的距离。平实的镜头、朴素的语言、真实的记录以及故事化的手法表达，激发起观众的情感共鸣，揭示主流价值观，从而展示文化与历史的宏大主题。《上新了·故宫》节目中，嘉宾带观众前往故宫的神秘区域探宝，揭秘一出出发生在故宫的温情故事，还联手设计师和设计院校学生，每期展示一个引领热潮的文创衍生品。《遗脉相承》用客观、真实、小切口的表达视角，记录了二十多位"非遗"传承人的作品、手艺和"非遗"绝活，在舒缓平和的讲述中，深入探寻北京文化遗脉，既展现了"非遗"传承人鲜明的个性、精湛的技艺，又唤起了人们对传统文化的记忆，在润物细无声中满足了观众潜在的精神需求，推动了"非遗"文化的传承与发展。

小切口引出大文化的选题策略同样适用于移动数字内容的设计开发。考虑到移动终端小屏幕的硬件因素，无法展示大而全的内容，加之用户通常利用碎片化时间在移动终端进行扫视性浏览的习惯，基于移动终端的"非遗"数字产品选题不宜过大。应选取要表达主题内容的经典、核心内容展开叙事，从选题的精彩小切口入手，进而吸引浏览者关注其他深层次的文化。故宫推出的第一款App "胤禛美人图"以12幅美人图入手，衍生串联起家具、陶瓷、宫廷生活、书画等各方面的研究成果，并对绘画本身的构图、技法进行分析。通过一幅画作为切口，引入的是包罗万象的文化内容。"韩熙载夜宴图"App以传世名画《韩熙载夜宴图》为紧凑的故事线，以"连环画"的构图叙事形式，除介绍画作之外，整幅数字画卷中共有 100 个内容注释点，衍生介绍了古典家具、历史人物关系、服饰礼仪等知识。"非遗"大系包罗万象，若选取大而全的选题不仅受屏幕限制无法详细介绍，也很难在扫视阅读的移动终端用户中引起兴趣。移动终端浏览者不愿被沉重地灌输知识。选取小切口选题，让"非遗"的学习变得轻松，最直观的打动才是通往热爱的最佳途径。H5 页面"有趣的扎燕家族"以扎燕家族的制作口诀为切入点介绍北京风筝技艺，以扎燕家族这个小切口串联起北京风筝的制作技艺，如图 2-1 所示。

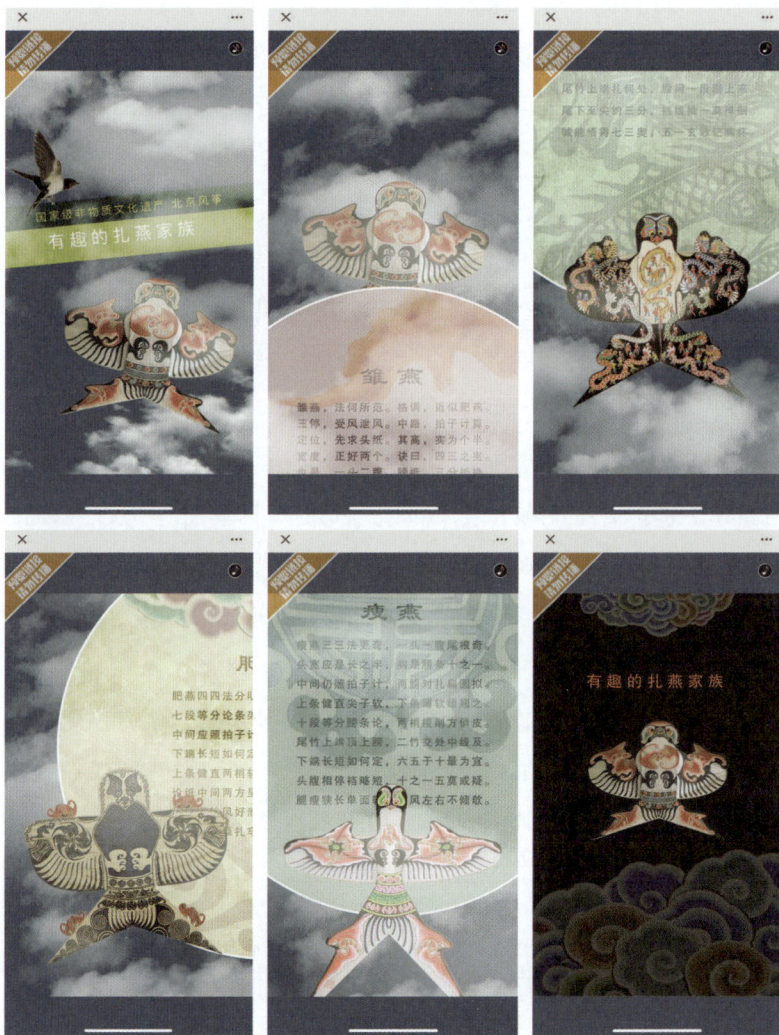

图2-1 "有趣的扎燕家族"H5 页面

2.2 脚本——抽象概念化作具象事物

脚本是作品内容的主体板块架构，反映作品的中心内容和内容的结构关系、结构层次。内容设计仅是合理还不够，还需要把握内容的特征，突破固有的信息架构模式，体现出作品的内容特色。比如关于老北京印象的选题，如果仅仅想到了北京历史、发展、小吃、胡同等内容作为栏目名称就显得平庸。创作者首先从文化理念作为主题切入点，思考如何将文化这种抽象概念用具体的事物来表现。经过严谨细致的脚本设计，确定内容版块分别为：赏中轴异彩、寻皇城旧梦、探民居清幽、揽燕京八景。赏、寻、探、揽四个动词的运用恰到好处，增添了文字美感，激发了浏览者阅读的兴趣。基于移动终端的 "非遗" 数字产品要梳理、提炼最精彩的事物、技艺、民俗，归纳总结内容脚本模块。

App "一声响的玩具" 通过梳理国家级 "非遗" 高密聂家庄泥塑的特征，将聂家庄泥塑大致分为可以响的玩具和摆件儿两大类，将一级栏目名称设计为 "一声响" "摆件儿" 和 "聂来捏趣"，通过三个小的典型内容为切入点，引出聂家庄泥塑的风俗奇趣、历史由来、工艺流程、典型作品等信息。还原高密聂家庄泥塑的使用场景，以手绘的高密民居、孩童持玩具玩耍等场景作为界面导航元素，如图2-2所示。这款App不仅打破了传统教科书式的说教式信息架构模式，还考虑到了移动终端小屏幕扫视阅读的特征，栏目命名吸引用户注意力，把抽象的概念巧妙地转化为具象的事物，能够有效地减轻用户在界面的学习负担。

祥瑞是中国传统文化中重要的文化符号，意寓吉祥福瑞。首先要找出大众好奇的点：紫禁城里到底都有哪些祥瑞？它们在哪里？应用在什么场景？代表何种寓意？如果信息架构采用教科书式的介绍方式：什么叫祥瑞？祥瑞的分类、祥瑞的寓意及应用……这么做就难免落入了俗套，脚本设计仅仅合理还不够，还需要把握内容的特征，突破固有的信息架构模式，体现作品的内容特色，同时还要兼顾用户体验。iPad应用 "紫禁城祥瑞" 采用了卷轴的浏览方式，将祥瑞的概念融入画中，梳理紫禁城中

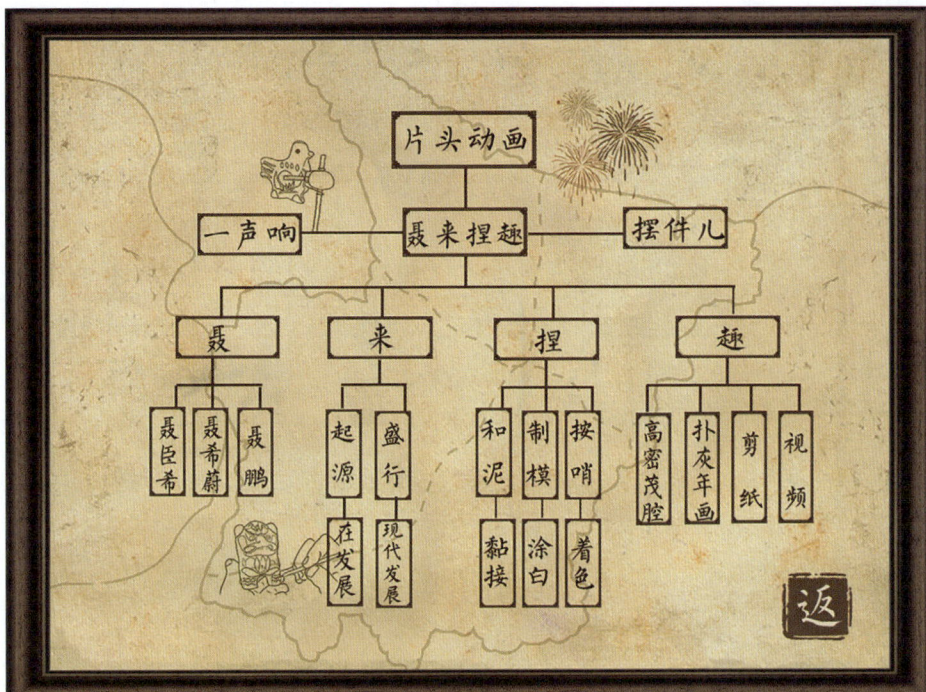

图2-2 App "一声响的玩具" 信息架构和界面
（设计：赵晨子、潘蕾、谢莹；指导教师：谭坤、吕悦宁）

的各种祥瑞, 根据祥瑞的特征巧妙地绘制在一张长图中, 九天之上的龙、凤, 陆地草间的瑞象、狮子, 海底深处的珊瑚、比目鱼……隐现于流云间的亭台楼阁, 与青山、飞瀑、苍松共同构成了宛若仙境的美景。点击每种祥瑞旁边的信息点, 就可以直观获取祥瑞的相关知识及其在紫禁城中的应用场景。

将抽象的概念化作具象的形象, 浏览者在指尖的轻轻滑动中可以欣赏文物、学习宫廷文化和祥瑞知识, 在学习知识之余, 还可以DIY出属于你的 "萌" 系瑞兽, 并可以将承载着美好祝福的瑞兽与朋友们分享。将传统文化这种抽象的概念用具体的事物来表现能够激起读者的阅读愿望, 增加用户的阅读黏度, 作为 "非遗" 内容的导入学习尤其是面向青少年浏览者能够起到很好的引导作用。

2.3 层级——深度与广度的平衡

移动终端 "非遗" 数字产品内容结构层级分为深度和广度。深度即当前分类和其子类共有多少层, 广度则是指每一层有多少项。从深度上讲, 层级不要太深, 若层级太深难免出现用户反复返回和在页面之间的切换, 随着跳转页面的增加, 用户期待程度会逐渐减小, 而且页面跳转的时间及流量耗费都是用户关注的问题。应减少界面跳转层级, 让用户快速找到信息。设计中经常遇见的功能层级主要是两种: 一种是扁平层级, 即所属功能属于同一层级的并列关系, 这种层级关系适合呈现栏目数量不多的界面; 另外一种则是树状层级, 即信息架构较为层次化或者任务之间有从属关系或任务流程存在前后关系, 适合呈现任务操作型的体验式界面。移动终端 "非遗" 数字产品的层级深度最好不要大于三级。广度层面上每一层的内容分支保持在4~8个是一个较为平衡的数量。遇到元素信息量较少、逻辑层次简单的内容, 平铺式的架构方式是减少层级的最好方法, 这种架构方式最大的特点是将所有的内容完全展示且突出重点, 适合呈现作品的导航页。

除了考虑深度与广度，还要根据信息的重要程度设计信息的呈现顺序，给阅读者在浏览时以视觉上的引导。界面信息架构既要考虑信息的可读性，又要考虑屏幕及交互呈现的局限性，还要考虑"非遗"内容的特殊性。信息呈现方式应该本着以下原则：信息呈现方便用户快速寻找以及功能板块间的切换；信息层级尽量保证清晰的结构，将用户经常使用的功能信息呈现在前面。由于"非遗"类的数字产品题材的特殊性，设计师在设计时一定会遇到信息纵向排列和横向排列的问题。因用户阅读的横向扫视阅读习惯，横向信息应保持一个简单的递减关系。而在纵列信息呈现中，最后一个元素则可以有跃升，如图2-3所示。因此，在"非遗"类信息架构设计中，如出现竖排文字，应注意到竖排最后一个信息重要程度的跃升，从而确定重要信息的呈现位置。

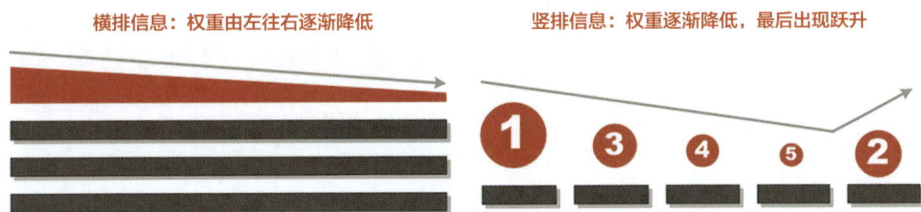

横排信息：权重由左往右逐渐降低　　竖排信息：权重逐渐降低，最后出现跃升

图2-3　横竖排信息权重图

2.4 交互——读者与内容之间的情感联系

在数字阅读的过程中，受众通过与作品之间的直接互动，在阅读中参与、在参与中分享了作品。浏览者用不同的方式来引发作品的转化。不论浏览者与作品之间的接口是鼠标、触摸屏、可穿戴设备、VR眼镜还是其他设备，受众与作品之间的关系都是互动的。观众是否准确、愉悦地理解了作品所传递的信息？作品是否让观众参与了新影像、新经验以及新思维的创造？是否给了受众一个清晰的脉络和线索提示？在用户操作出错或不畅时是否给予了有效的引导？这些维系读者与作品内容之间的情感联系都

是交互设计应解决的问题。

2.4.1 针对信息沟通的行为流程

数字界面中的交互设计首先关注的应是信息沟通，解决系统的内容信息如何被受众选择、获取、创造及分享，即针对"信息沟通"这一行为过程和方式的设计，受众如何通过操作界面来选择、获取创造信息。"石湾公仔"App中，以"发展阶段"为主要内容的信息如何传递？时间线可以纳入初步构思，手指拖动时间轴就会出现相应的内容，这就是一个针对信息沟通的行为流程设计，如图2-4所示。

"小时候我这样看他"H5广告通过发人深思的文案和触摸、滑动、陀螺仪等技术将低头族Look Up的核心理念巧妙地传递了出来，用户只需举起手机就能看到父亲的全身形象，在抬起头的瞬间，成功地引导年轻人看到了自己对父母关注的缺失。如图2-5所示，举起手机抬头看就是一种信

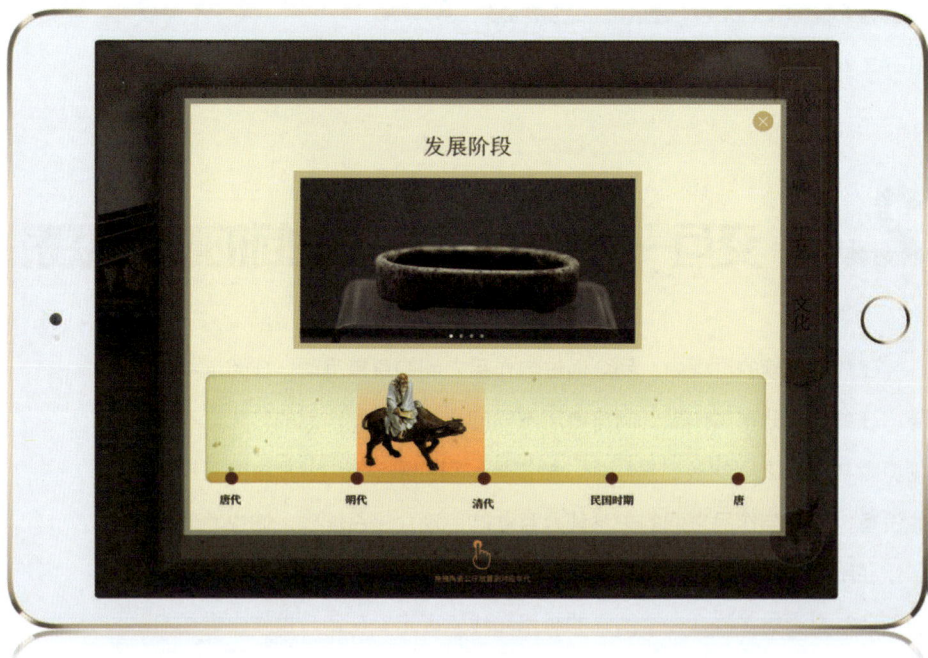

图2-4 "石湾公仔"App界面

图2-5 "小时候我这样看他"H5广告
（ http://proall.h5bang.com/changhong/?from=singlemessage&isappinstalled=0#rd ）

息沟通，引导用户通过肢体动作参与完成信息的表达。

2.4.2 清晰明了的导航设计

受众的需求越复杂，作品的结构也变得更加复杂，如何去引导用户获
取信息、参与信息的交流，导航就承担了主要职责。移动端"非遗"数字

产品设计中，导航系统可以由多种方式构成，如长图式导航、标签导航、界面中的按钮、地图导航、抽屉导航等。

标签导航一般位于页面底部，一些传统文化题材根据排版需求，也有位于页面左侧或右侧的，如图2-6所示。标签导航能够让浏览者清楚自己当前所在的入口位置，轻松在各入口间进行切换且不会迷失方向，直接展现最重要入口的内容信息。

抽屉导航是将菜单隐藏在当前页面后，如图2-7所示。点击滑动即可像拉抽屉一样拉出菜单。抽屉导航可以节省页面展示空间，让用户注意力聚焦到当前页面。缺点是不适合频繁切换的应用。

列表导航是内容页面功能里最常见的一种导航模式。层次展示清晰，可展示内容较长的标题。

瀑布式导航适合以图片为主的内容，就像瀑布一样，一边滑动一边出现内容，用户浏览时产生流畅的体验，如图2-8所示。因为这种布局不用

图2-6 标签导航

（"昆曲衣箱" App；版权：©2015童芳、卢毅、朱志安）

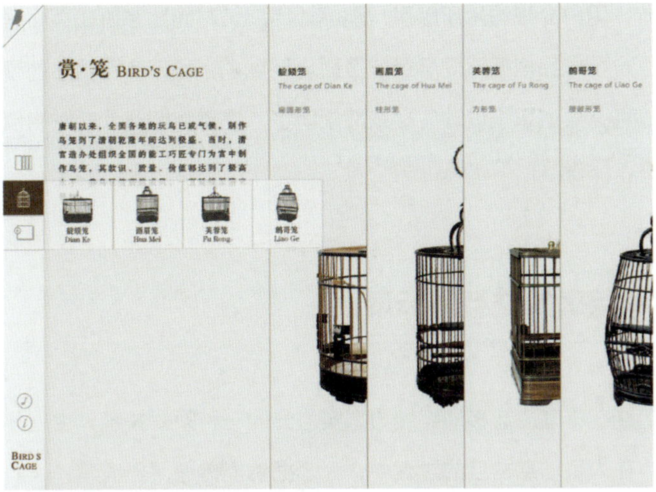

图2-7 抽屉导航
("赏笼" App；版权：©童芳、
卢毅、王云)

图2-8 瀑布式导航

标签式的导航，用户会被图片所吸引，能够让用户长时间地停留在页面里去浏览图片。一个作品根据不同层级的页面功能需求，可综合运用几种导航模式显示信息，导航系统设计应尽量清晰明了，提供给浏览者良好的位置感、提示感、反馈感、帮助感。

2.4.3 隐喻明确的交互图标设计

图标的功能在于建立起移动终端与真实世界的一种映射关系，也是一种隐喻关系。在人机信息交互的过程中，为了把功能传递得更清楚，人们自觉或不自觉地使用了隐喻的手段。根据事物之间的相似点，把某一事物（或行为）比作另一事物（或行为），从而达到把抽象的事物说得具体，把深奥的道理变得浅显的目的。作为修辞中比喻的一种手法，隐喻目前已成为界面设计中一项非常重要的造型观念和手段。受众通过隐喻自动的理解图标背后的意义，跨越了语言的界限。在"非遗"数字产品设计中，许多工艺或功能通过图标向用户传递的信息远比文字更能帮助用户理解。

如图2-9所示，"苏州刺绣"App关于绣具介绍界面中的图标设计提取常用绣具中的针、剪刀、绷子、线团等工具进行图形化处理，界面中的抽屉式导航按钮用的也是绣具绷子的扁平化图形，用户可以直观地理解到图标所包含的功能和意义。这是一种典型的事物隐喻，从隐喻对象的"物"的角度出发，找到与图标功能一致的真实存在的物体，通过进行图形设计优化为图标。如果找不到现实世界中与界面中的功能一致的物体，也可采用事能隐喻，从隐喻对象的"能"的角度出发，构筑隐喻。行之有效的隐喻能够帮助用户轻松地理解功能，学会操作，隐喻应该遵循简洁、一致、唯一的设计原则。

界面以视觉的形式呈现，但是交互介入界面设计中界面就不再是静态的视觉作品，而是有性格、有情感、有意象、有情趣的，是沟通用户和阅读内容之间的情感维系。

图2-9 "苏州刺绣" App 中的图标
（版权：©2015童芳、卢毅、费倩如）

第 **3** 章
界面设计中的
多维策略

3.1 拙巧相依的界面风格

"拙"与"巧"本是一组反义词,但用在对民族文化作品的评价上,两个词义之间是可以相互转化的。因"非遗"中的技艺材质拙、意象俗、形式朴等表现形式,我们称其为"拙",而其对美好生活的寓意却是"巧"。大巧如拙中的"拙"并非真"拙",在"拙"的背后是"巧",是艺术创作的最高境界❶。"非遗"选题数字产品界面设计应考虑"巧"与"拙"的和谐统一。

3.1.1 界面风格的"拙"

传统文化作品尤其传统美术类作品注重点线面、肌理的条理性和秩序化处理,以图形化的象征性方式将不规则、不匀称的事物和谐地组织起来,其艺术语言本身就具有"拙"的气氛,因此"非遗"数字产品界面设计风格定位为"拙"。界面设计过程中应提取传统文化的代表性元素来作为界面设计的基本元素,但这并不意味着将造型照抄到移动终端,而是通过将提取的造型元素经过变形、打散、重组的方式与设计理念结合起来,对这些形态进行重新组合,找到传统文化符合形态与界面整体的设计风格,以及受众审美心理的契合点。在真实图像与设计图形之间寻求平衡,真实图像给人以很强的代入感,容易营造有沉浸感的界面气氛。如图3-1所示,在"北京民间玩具"中,作者采用了北京地区的典型玩具与胡同元素相结合的设计界面。通过归纳设计的"非遗"传统美术图形具有很强的设计感,容易营造界面扁平化的风格。如图3-2所示,"民间风筝"作品中的次级导航页界面,提取的是风筝造型元素,经过打散、平面化、色彩及线条归纳后运用到界面中。两个作品都将"非遗"

---

❶ 韩雅怡,高婷.大拙大巧——民间美术的造型美[J].吉林艺术学院学报,2011,(4):36-38。

图3-1 "北京民间玩具"界面设计
（设计：冯鑫源，等；指导教师：吕悦宁、谭坤）

图3-2 "民间风筝"界面设计
（设计：戴印、刘锐；指导教师：吕悦宁、谭坤）

传统美术元素提取并融入界面设计中，体现出浓浓的"拙"劲，有效地呼应了主题。

3.1.2 界面元素的"巧"

故宫出品的每款移动端App应用都堪称精品，主要原因在于其创作团队从界面的每一个细节上都追求极致。"非遗"选题移动端数字产品界面设计细节要精益求精。首先，恰当地运用渐变色彩与背景图相融合可提升界面品质。其次，"非遗"选题移动端数字产品界面设计是融合的设计，需要层次感，当界面缺乏层次感的时候就会显得界面比较单调或者花哨。

可通过背景元素与前景图之间的无边痕化处理、色彩色相与明度的层次运用、界面的光影关系等来提高界面的元素之间的层次感。最后，界面中字符的恰当运用也能提升界面品质，标题字体、字号的选取要突出、醒目，从色彩和明暗关系上注意与背景之间的对比关系。同一层级的标题字体、字号、图层效果应统一，以文字介绍为主的界面字体应扁平化处理，增强其可读性。界面元素的"巧"指的是巧用传统文化元素融入界面设计中。

（1）借鉴中国传统美学版式。"非遗"选题移动端数字产品界面版式设计及视觉效果，都是为了突出产品个性，要在有限的空间里对屏幕中的元素依据规律排列组合。"非遗"选题移动端数字产品界面设计版式可借鉴中国传统美学形式法则，亦能突出"非遗"选题移动端数字产品的气质以及格调。如传统美学中的对称美，运用到"非遗"选题移动端数字产品界面版式中能增加界面的平衡、和谐、庄重之美；中国古代的文字是自上而下竖书成行，竖排文字的版式运用到"非遗"选题移动端数字产品界面设计中亦能传递出浓浓的古典文化气息，与"非遗"主题相呼应；中国画中的留白运用到"非遗"选题移动端数字产品界面版式中，亦能使界面构图更加协调，避免压抑感。宽松自由的布局也会让App界面变得更加飘逸、时尚、清新。

（2）传统色彩应用。当用户首次使用"非遗"选题移动端数字产品的时候，色彩会给用户最直观、深刻的印象。中国传统色彩中的红色、黄色、绿色、灰色、白色、水墨黑白灰都可以为"非遗"选题移动端数字产品界面色彩设计提供借鉴。中国红衍生出来的朱砂红、铁锈红、砖红等红色无疑成为"非遗"选题移动端数字产品界面配色的首选，不同明度、纯度的红色与黑白灰的搭配传递出庄重、贵族的气质；不同明度的茶色作为一种中性色可与纯度、明度较高的色彩搭配，表现既古朴又具有传统美术、传统技艺稚拙的一面；黑白灰的配色能演绎出浓浓的水墨风情，配以朱砂红的印章使得画面凸显灵气；蓝紫色与黄色的搭配能传递神秘、华丽的色彩。综合运用中国传统色彩时应注意低纯度、低明度、低饱和度色彩之间的对比与协调。

（3）相关"非遗"具象元素应用。"非遗"选题移动端数字产品界面设计中可结合所选择的"非遗"主题选取具象元素。如从"非遗"资源中的原料、工具、主要工艺、图案、纹饰、质感中提取元素。此外，具有典型的中国传统元素的素材也可以应用到界面设计中，例如，传统纹饰、传统工艺技艺等元素都为 "非遗" 类App设计提供了丰富的视觉语言。在一些 "非遗" 选题移动端数字产品界面设计中，设计师将某 "非遗" 资源中的材料、工艺或工具元素与导航、边框、按钮等融合起来进行创作，无论从美感还是寓意上都很完美，充满了传统文化的气息。App "聂家庄泥塑" 工艺流程界面中提取了聂家庄泥塑代表作品叫虎形象的外轮廓作为工艺流程的展示区域，叫虎头部元素经过提线、简化、重构为抽屉式导航的元素，提取了聂家庄泥塑制作的场景，经过平调子处理后作为界面的背景元素，如图3-3所示。

图3-3 "聂家庄泥塑" App工艺流程界面
（设计：赵晨子、潘蕾、谢莹；指导教师：谭坤、吕悦宁）

3.2 构建界面中的视觉流程

视觉流程是指浏览者在一定的视觉区域内观看视觉内容的过程。它是由人类的视觉特性所决定的。任何界面设计都要通过字体、色彩和图形三种视觉传达元素，经构图的编排和组织，形成一个完整的界面。在界面设计中怎样使界面信息阅读顺畅，特别是在移动终端有限的视觉空间里，使字体、图形、色彩产生互动的、有效的视觉传达，其中视觉流程对整个界面设计来说起着至关重要的作用。成功的设计流程，应该能够引导观察者按照自己的设计思路，通过合理、有效、快速的方式来获得信息。

3.2.1 视觉焦点

视觉焦点也就是视觉中心，是最引人注目的视觉区域。界面设计中的视觉焦点简单来说就是让我们的视线多停留几秒的视觉元素，它可以是一个点、一条线、一个面，也可以简单到一块颜色等。塑造界面中的视觉焦点常用的方法就是运用对比，如H5页面"欢乐茶馆可以绣苗绣啦"界面设计中，用苗绣中的典型形象蝴蝶塑造界面中的视觉焦点，一只苗绣的蝴蝶，飞过苗乡、飞过绣娘，飞到绣帛，彩色的蝴蝶与背景形成强烈色彩对比和动静对比，飞动的蝴蝶引导用户浏览页面中的信息，如图3-4所示。

H5页面"QQ华夏手游 × 年画话新年"通过年画人物钟馗和手持趟子的影子造型表达出H5页面的整体基调，影子的造型手法与真实材料质感的照片如桌面、年画工具等元素形成强烈的对比，这种质感的对比形式也经常会被用到界面设计中去塑造视觉焦点，如图3-5所示。

除了对比，还可以采用破图的技巧打破常规的构图或框架，让用户有眼前一亮的感觉，打破条框的约束增加界面的层次。如图3-6所示，"天桥文化"数字读物的界面中用局部破图的形式塑造了视觉焦点，画面增加趣味的同时也多了互动性。

图3-4 "欢乐茶馆可以绣苗绣啦" H5页面界面设计

（https://hlddz.qq.com/cp/a20200803psxmx/index.html）

图3-5 "QQ华夏手游×年画话新年" H5页面界面设计

（ https://hlddz.qq.com/cp/a20200803psxmx/index.html ）

图3-6 "天桥文化"数字读物界面

（设计：李昂、吴晓茜、解友亮）

3.2.2 视觉动线

视觉动线靠视觉空间位置的主次关系来确保流程的合理性，使视觉区域的流动符合用户浏览的视觉习惯。界面各视觉元素应按视觉运动的规律给以一定的组合，形成界面的脉络，引导读者的视线从主到次、从强到弱、从文字到图像形成一个和谐整体。视线习惯于由左到右、从上往下运动，因此视区排列顺序应是左上、右上、左下、右下。对圆形，视线则是按顺时针的走向进行的。根据运动的方向不同，可以分为直线视觉流程、曲线视觉流程和反复视觉流程。

直线视觉流程是画面中有直线方向的视觉元素做视线引导，引领观者注意，以达到宣传目的。如图3-7所示，H5页面"这张刷屏的大长图，动起来了！"页面的箭头、叠云、手指都指向右侧浏览。浏览者不自觉的就会用手指向左滑动屏幕看右侧内容，视觉流程对用户来说是一种浏览内容的潜在引导。如图3-8所示，"苏州刺绣"App介绍针法的界面设计中

图3-7 "这张刷屏的大长图，动起来了！"H5页面
（https://wp.m.163.com/163/page/news/sense_guochao/index.html）

图3-8 "苏州刺绣"App界面中的直线运用
（版权：©2015童芳、卢毅、费倩如）

运用动态的直虚线作为视觉引导，用户在滑动屏幕的过程中，动态的直线就像动态的指向标一样引导用户浏览内容。

曲线视觉流程是画面中各构成要素有规律的成曲线型排列。如图3-9所示，H5小程序"甘肃彩陶"的导航界面设计采用曲线型排列，这种排列更具有节奏感和韵律美，其形式活泼、个性突出、想象的空间大。

反复视觉流程是指在画面中有相同或相似的视觉元素做有规律、有秩序、有节奏的运动，具有引导视觉流程的作用，如形状的相似、色彩的相似、大小的相似、位置的相似等。在进行界面设计时，应根据选题内容合理安排视觉流程，引导浏览者的视线按照设计的意图，以合理的顺序和有效的感知方式，发挥最大的信息传达功能。

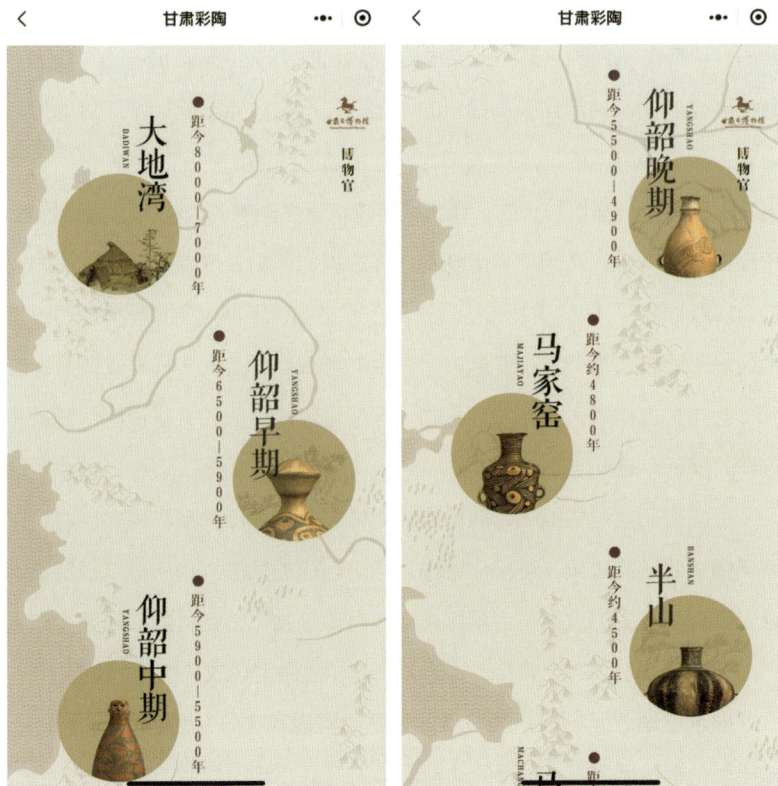

图3-9 "甘肃彩陶" H5页面
（甘肃省博物馆三维文物交互微信小程序）

3.2.3　界面中的动效

　　界面中的动效指界面中所有的动态内容。通过合理的动效，让虚拟界面模拟物理世界的规律，让虚拟的界面与物理世界产生交集，用户会把自己对物理世界的认知映射到对产品的认知上。合理的动效可以满足用户的心理预期，越是符合人对物理世界认知的设计，越容易帮助用户去预判或者理解产品的交互逻辑。

　　从视觉流程的角度看，如果把一个界面上的所有元素，按照明显程度来排序，动态内容优先于色彩，色彩优先于明度，因此动效本身就是界面中的视觉焦点。"非遗"选题移动端数字产品界面设计中可以有很多动态的内容表现效果，如作品借助动画的形态来丰富作品的主题，加强视觉的冲击，引导浏览者的兴趣，以完成传达信息的目的。"紫禁城600" App界面中展翅的动态鸟起到强调提示的作用，引导用户点击此处浏览其他界面内容，界面中跑动的动态御猫则为界面增添了情趣。平日见到的古画，意境虽然深远，但都是静止的，通过数字技术让古画中的人物和场景动起来，再配以背景音乐，让用户感受到不一样的视觉体验，欣赏到有了生命的古画。"故宫淘宝"微信号发布的"雍正：感觉自己萌萌哒"系列作品通过技术让静态的雍正帝"活"了起来。其中的雍正帝或是松下抚琴，或是穿着武士服与猛虎搏斗，或是临河垂钓，再配合轻松活泼的文字说明：朕就是这样的汉子，感觉自己萌萌哒。

　　指向型动效是指能够有效地描述物体之间的逻辑关系，同时通过可以循环播放的动态效果，可视化地描述用户当前的状态，用户可以很清晰地感受到界面之间的位置或者层级关系。以传统文化为题材的移动数字产品界面中的指向型动效主要有：提示型动效、强调型动效、引导型动效。

　　提示型动效起到提示浏览者此处是否可以点击、是否有链接的作用，如界面中提示用户进行选择的动态手势。

　　强调型动效是尽可能地为用户制造视觉上的愉悦，营造活动氛围，突出主题，让用户觉得有趣生动，强调当前内容的重要性。如图3-10所示，H5页面"我是黄河文明唤醒师"中点击到每一项"非遗"按钮时，当前

图3-10 "我是黄河文明唤醒师"H5页面
（https://yjhhfy.tourismshow.cn/hhfyh5/）

按钮会放大，显示的内容会有相应的动效，如刺绣中的动态鸟、缓缓而动的唐三彩及动态的丝绸之路和驼队，都在强调当前页的内容，烘托氛围。

引导型动效常用于交互游戏型的数字内容设计中，引导用户参与到游戏中来。如图3-11所示，H5页面以"我在秦陵修兵马俑"为题，让用户通过互动"修复"一种兵马俑，从而让更多人了解历史、了解文物、了解文物修复的难度和意义。只要用户点击"漂浮"起来的工具，即可对秦兵马俑进行逐步自动修复。工具"漂浮"起来的动作就是一种引导型的动效，引导用户选择工具并参与到游戏中来。

良好的界面动效可以打磨"非遗"选题移动端数字产品的品质感，用户接触和使用产品的过程中，可以激发用户的正向情感，比如愉快，信任，满足；避免用户产生负向情感，使用户更乐于使用产品，遇到使用过程的一些小问题也更加包容，增加用户的浏览黏性。

图3-11 "我在秦陵修兵马俑"H5页面
（https://gongyi3acl.tencent-cloud.net/bmy20/index.html）

3.3 营造界面中的视觉空间

3.3.1 光影空间

与纸质媒介相比，数字界面上的光源既有界面物体本身的光，也有多个光源投射产生的光。因为有多角度光源的存在，数字读物界面更容易营造空间感，投影能够表明物体的体积感，空间的存在也可以借助投影来界定。光源的角度不同，投影也不尽相同。当物体具有投影的时候，界面的空间感就会自然地呈现出来，空间的深远也可以靠投影来实现。

利用投影创造平面上的虚幻空间，投影的存在能够表明距离空间的存在。加了投影的物体就有了落脚点，不会产生漂浮的感觉。合理的投影能让整个页面非常有层级感和空间感。投影让用户感受到空间的存在，但不会吸引去关注它。投影与物体的距离越远，产生的空间就越大。投影也是衬托物体质感的一个手段，加了投影的物体看上去更有立体感和重量感。

如图3-12所示，"惠山泥人"App的"大师介绍"界面中折页运用的阴影，使折页突破了二维的视觉空间，巧妙地通过阴影塑造了折页和背景之间的空间感。"泥人史记"界面中卷纸投影的加入使卷纸变得更加厚重，卷纸在界面中的质感更加明确，犹如物理世界中的卷纸一样真实。

图3-12 "惠山泥人"App界面
（设计：赵晨子；指导教师：谭坤、吕悦宁）

3.3.2 场景空间

在界面设计中采用场景式的背景更容易营造界面的空间感，场景不是简单的找一张照片加上文本就可以了，而是"有目的的图像合成"。通过提取、概括与"非遗"主题相关的场景元素，经过一定的打散、重构、合成、调整、统一等手法形成界面中的场景式元素，界面中的场景有很强的代入感，起到烘托主题、营造空间感的作用。

如图3-13所示，"聂家庄泥塑"App中的场景式界面，通过提取聂家庄泥塑在生活中的使用场景，绘制了场景式界面，爷孙坐在炕上，孩童手中拿着叫虎，炕桌上放着叫虎，墙上挂着叫虎创作的过程性流程。将二维的界面融入现实的生活空间中。

图3-13 "聂家庄泥塑"App中的场景式界面
（设计：赵晨子；指导教师：谭坤、吕悦宁）

3.3.3 渐变对比

渐变色具有独特的视觉冲击力，因为它的存在，二维界面中出现了立体三维的效果。这与我们真实的生活场景相符合，使色彩的生命力与吸引力得到了进一步的提升。我们周围的物体大多数都是三维的，当他们被光线照射时，所产生的颜色和阴影的变化使物体本身会出现渐变色彩，并且会随着外部光线的变化而变化。

渐变可以分为强调型渐变和功能型渐变。强调型渐变主要运用在一些需要展示效果的页面上，这些页面需要突出项目品牌和主题，在短时间内抓住用户眼球，吸引用户继续阅读。应用在App启动页、App引导页居多。这种渐变饱和度高、跨度大，亮暗部色相可以不一致，塑造的质感比较厚重，往往营造的氛围十分强烈。功能型渐变的页面需要用户视线停留较长时间，以阅读信息为主，应该去掉华丽的渐变，给用户创造出简单舒服的感觉，降低视觉噪声。移动App端主要应用在内容和文字比较多的页面上，降低渐变的对比度，提高文本的可读性。

　　在"非遗"选题移动端数字产品界面设计中渐变通常是综合应用的，如图3-14所示，"非遗"电子读物"景泰蓝"界面设计中，色彩的渐变、明度的渐变与景泰蓝的器型纹饰综合应用，以降低了透明度的器型纹饰作为背景，很好地塑造了界面的空间感，标题文本和logo部分的底色是明度高的颜色，很好地突出了品牌和主题，文本的背景色是明度低的颜色，很好地衬托了字体的可读性。

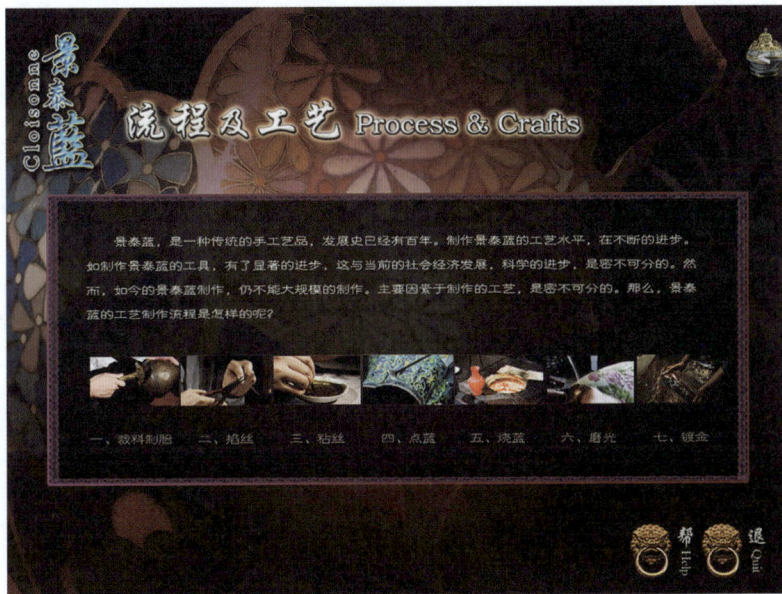

图3-14 "非遗"电子读物"景泰蓝"界面设计
（设计：李悦萌、王晨；指导教师：吕悦宁、谭坤）

3.3.4 虚实对比

　　"近实远虚"其实就是把控主次关系时的一种处理方式。"虚实"中所

谓的 "虚" 其实就是对比弱的意思, "实" 就是对比强的意思。运用虚实造就的空间,就如同镜头下的远近景拉伸一样,虚的物体往后推移,实的物体往前走。虚实对比的造型手法运用到数字界面中不仅可以产生 "近实远虚" 的空间关系,在界面与界面之间的转场动效中还可以产生镜头推移般的动态空间感和沉浸式的交互体验。

App "清代皇帝服饰展" 界面设计中,屏幕左右滑动的过程中,标题和人物形象背后的山水、亭阁等元素变虚,衬托出前景的标题和人物运动更加流畅和有节奏,待滑动动作结束后,又能将标题、人物和背景之间的空间关系对比出来。

App "紫禁城祥瑞pro" 界面设计中,画面被设置成可层层深入的祥瑞之岛。龙、凤以外的瑞兽查看需要放大祥瑞之岛中间的太阳才会出现跳转。进入 "祥瑞之岛",岛上的龙凤、麒麟、仙鹤、彩云、牡丹花、葫芦等众多祥瑞角色以 "实" 的手法位于界面的前面,界面中的宫殿、山水、祥云等元素则做了虚化处理,位于界面中的深远位置,虚实对比的处理手法构建了界面的空间和层次,随着手指的滑动,层层深入,犹如镜头的推移,众多祥瑞角色随着用户的探索依次展开。

3.4 处理界面中的元素细节

3.4.1 文字印象

与图形图像相比,文字更善于抽象事物的表达,文字本身集合了音、义、形三体为一身。我们正处于从 "读图时代" 到 "视频时代" 的过渡,但文字信息的力量依旧无可替代。如图3-15所示,在App界面设计中,32%的文字信息比例带来了48%的关注度。文字在视觉信息传达方面有着不可或缺的地位,阅读文字仍是用户获取有效信息的重要途径。❶

---

❶ https://www.jianshu.com/p/bd6bd8e02e47

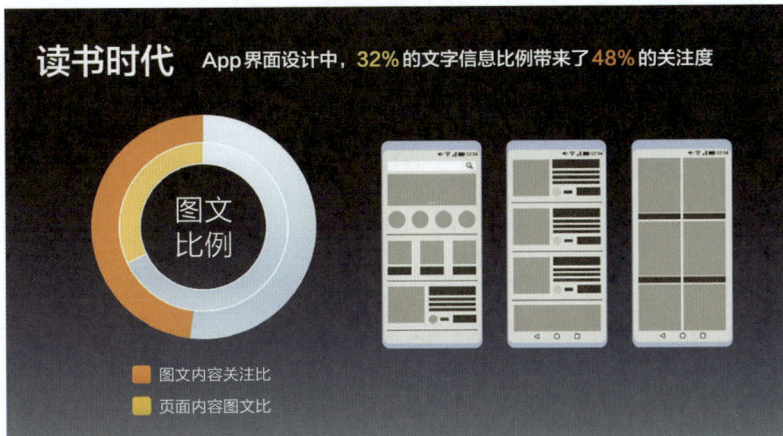

图3-15 图文内容关注比

（1）标题文字的艺术性。标题文字是指除去常规内容文字之外的标题文字，作品的不同层级的标题文字是整个作品的灵魂，选题内容的内涵和作品的设计创意都承载在作品的主标题文字设计之上。标题字体的设计应首先考虑识别性，其次考虑根据选题特点增加艺术性和思想性。文字设计的艺术性要在保证识别性的前提下，根据选题的风格特征做到文字的视觉美观，不仅具有美的形式表现还承载着传达信息的功能。文字设计的思想性要服务于内容，依据选题内容进行高度的凝练和概括，概括出选题标题文字的精神内涵。从"非遗"选题内容中提取元素进行标题文字设计是一个不错的选择，如文字的叠透效果。应用书法字体或仿古字体，结合界面的光源，适度给标题文字增加光源和赋予有质感的材质，都是"非遗"选题数字读物界面中常用的表现手法，如图3-16所示。也可以根据选题内容的时代特征设计文字字体，如图3-17所示。图形构成的文字设计和文字图像化的设计在强调视觉美感的同时要兼顾界面信息的可读性，不同层级页面的标题文字要相对统一。

（2）内容文字的可读性。由于移动设备空间小，环境光通常比较微弱，所以在字体与字号的选择上更要多注意。不同的字体有不同的性格表现，严肃、幽默、力量、柔软等。设计中的字体分为无衬线字体和衬线字体两种，无衬线体棱角分明，长文阅读比较舒服。衬线体比较简洁美观，适用于短句美感提升。衬线字体较易辨识，也因此易读性较高。无衬线字体则较

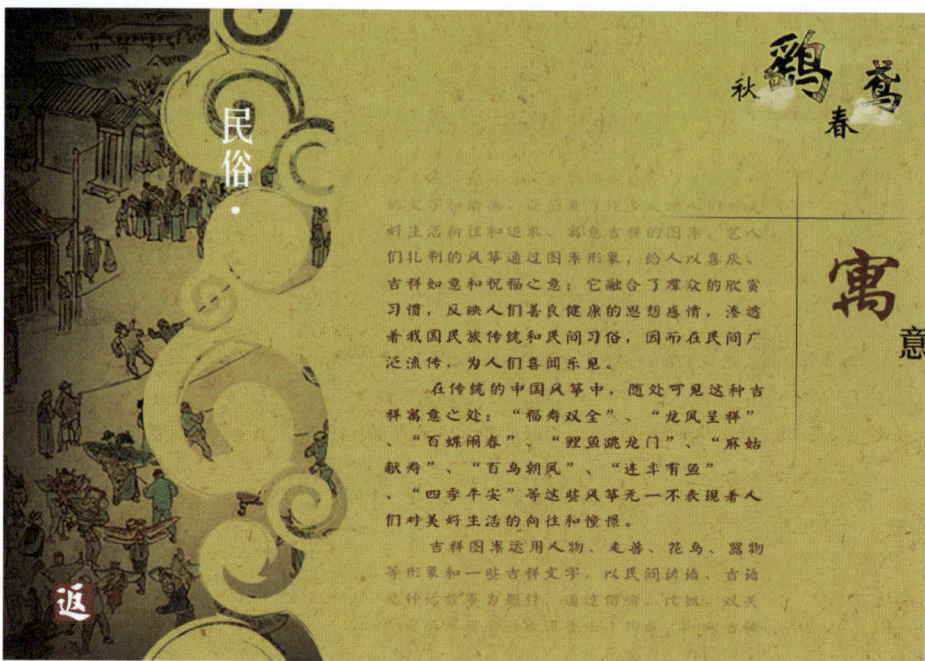

图3-16 "民间风筝"界面标题字体设计

（设计：戴印、刘锐；指导教师：吕悦宁、谭坤）

图3-17 "甘肃彩陶"H5页面标题文字设计

（甘肃省博物馆三维文物交互微信小程序）

醒目，适合做标题字体。通常情况下，界面中的内文、正文使用的是易读性较佳的衬线字体，可以增加易读性，而且长时间阅读时不容易疲倦。而标题、表格内用字则采用较醒目的无衬线体，它需要显著、醒目，但不必长时间盯着这些字来阅读。正文中的文字宜采用常规样式，标题宜采用加粗或斜体样式。合理地运用文字样式，将更有利于文字的视觉传达，更有利于浏览者的阅读。文字的间距分为横向间距和纵向间距，即"字距"和"行距"。正文与标题的字距应该通篇保持一致，字距太大或太小都会导致可读性受到影响。行距的常规比例为10：12，即用字10点，则行距12点。除了对于可读性的影响，行距本身也是具有很强表现力的设计语言，有意识地加宽或缩窄行距，能够体现独特的审美意趣。

3.4.2 读图心理

在五官感受中，视觉占有主导地位，在认知上，图具有直观易懂的特点。快速阅读成为当前的社会需求，图成为适应这一需求的最好元素。图在设计语言中分为图形和图像两种，图形指人为绘制的画面，有人为的参与性，图形表现的画面具有强烈的设计感和艺术性，图像则是对真实现实的再现，不加任何人为作用的修饰，忠实地反映客观事物的存在。图像表现的画面具有很强的代入感和临场感。在"非遗"类移动端数字读物界面设计中，图像的选取和处理成为塑造作品细节的重要手段。

（1）虚实处理。图像的虚实处理即将界面中次要的内容虚化以突出主要内容。虚化的处理手法有：添加虚化滤镜、降低色彩的明度和饱和度、添加统一的色彩进行平调处理等。被虚化的内容起到"帮忙不添乱"的作用，既可以烘托气氛又不会喧宾夺主。移动端数字交互产品本身就具有动态表现的特性，可以实现动态元素的虚实转化，虚实效果元素的介入，使动态内容在实现过程中更具有节奏感。

（2）网化处理。图像的网化处理是通过减少界面中部分区域图像的层次来实现的。适合对素材质量不高的素材进行处理，有意弱化画面的清晰度，使画面中原来多种层次的画面空间关系减少层数，网化处理图像的方式有很多如加有统一规矩的网点和网格，或一致简单的图案，都以减少画面的层次为目的。

（3）透叠处理。透叠是增加界面层次感的一种表现手法，通过调整图层之间的透明度和混合模式，达到层与层之间相互透叠的效果。透叠的手法分为透明透叠、模糊透叠、渐隐透叠、纹饰透叠。

透明透叠是提高文字识别性的重要手段，可以在背景层和文字层之间添加一个带有色彩倾向的半透明层，如图3-18所示。透明度不同，界面效果就不一致，透明值设置取决于文字识别度的要求。

模糊透叠是将清晰的背景图像处理成模糊的图像，处理的过程中要执行滤镜中的模糊效果，同时提高图像的饱和度和对比度，如图3-19所示。在模糊层的上面添加一层清晰的主体元素，可以是图像，也可以是文字。

图3-18 透明透叠

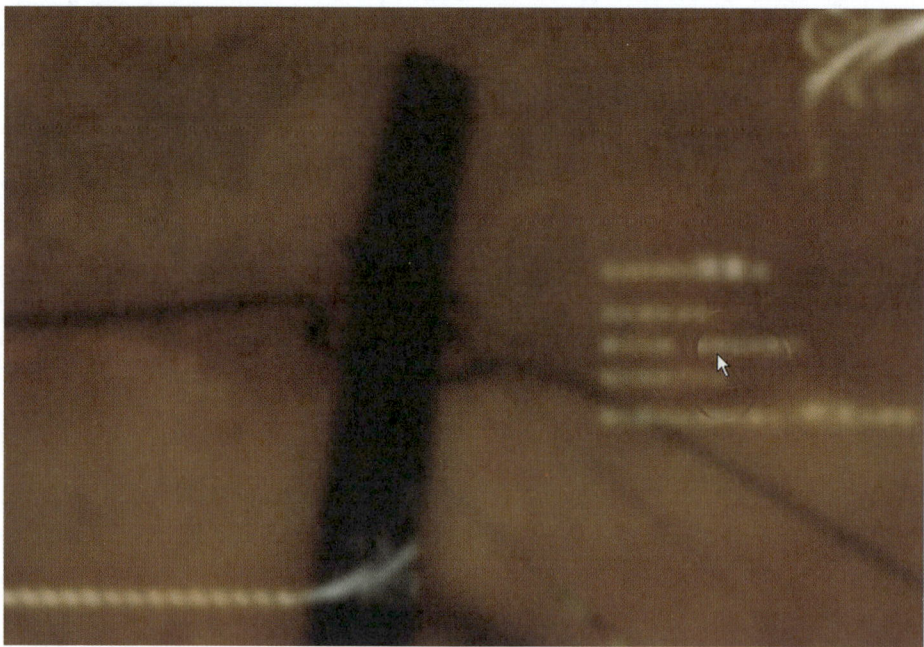

图3-19 模糊透叠

渐隐透叠是添加一层渐变层，调整不同渐变色和不同透明度的手法。使界面信息中重要的信息更清晰，不重要的内容被渐变色块覆盖。被色块覆盖的位置正好可以添加文字。渐隐透叠也可以对界面中的元素形象进行透叠，以突出主要内容，虚化次要内容，如图3-20所示。

图3-20 渐隐透叠

纹饰透叠综合运用前面三种透叠方法，加一层降低透明度的带有纹理或纹饰的图层，如图3-21所示。纹饰透叠是塑造"非遗"类界面质感的重要表现手法。四种透叠方式可根据选题内容的素材特点综合运用，会营造出虚实分明的层次感。增加元素的质感、区分轮廓相似元素之间的差异、提升文本的可识别度等可丰富界面的细节。

（4）插图处理。在移动终端数字界面设计中，由于界面的空间非常小，提高视觉元素的识别度就显得非常重要。"非遗"选题的移动终端数字界面设计中，使用插画来辅助传达信息，无疑更加直接到位。插画使界面设计更清晰，传统文化内容更时尚，也更有表现力，往往广泛应用于页面主题

图3-21 纹饰透叠
（App"苏州刺绣"版权：©2015童芳、卢毅、费倩如）

图、全景图导航和沉浸式场景设计、讲工艺说流程的辅助配图等页面中。在界面设计中应用插画连接了设计，作为内容呈现，还带着明显的艺术化的属性。插画是表达界面设计原创性和独特性的基础，插画可以将"非遗"内容抽象的文字信息通过直观的视觉图形精准传达，是文本图形化的"解释"，同时具备用插图讲述故事、传递情感、增加界面温度的功能。

如图3-22所示，针对黄河文化的非物质文化遗产宣传的H5页面"我是黄河文明唤醒师"依次展现黄河沿线的"非遗"项目，用户可以横向滑动屏幕，查看"非遗"项目和对应的省市县和项目说明。不同的"非遗"展示页面融入对应的"非遗"物品、人物和文化内容。如图3-23所示，H5页面"今天，你开窟了吗？"为宣传敦煌的文化论坛线下活动，用黄色系手绘插画，搭配场景文案说明，回顾敦煌壁画的经典内容。

图**3-22** "我是黄河文明唤醒师"H5页面
（https://yjhhfy.tourism-show.cn/hhfyh5/）

图**3-23** "今天，你开窟了吗？"H5页面
（http://game.flyh5.cn/resources/game/zyk_game/201904/dunhuang/main.html）

第 4 章
营造沉浸式的
交互体验

"沉浸"在字典上的意思是"陷入在一些事件的包围和覆盖中"。沉浸的状态对每个人来说都不陌生，可以理解为将精神全身心专注于某种活动时产生的瞬间感觉，是一种空间边界变得模糊、时间感消失、个体限制似乎被消解的"沉浸式体验"。❶在"非遗"选题移动端数字产品设计中，沉浸是一个重要的交互手段，能有效地利用小屏幕空间，让浏览者全神贯注地投入设计师所创造的虚拟环境中。"沉浸"式体验可以是一个叙事性的故事、一个场景、一个互动的游戏等。作品通过交互达成沉浸感的营造以及想象力的表达。通过让受众参与来完成作品，继而提升体验者对作品的参与度与理解度。沉浸式体验有效地利用情境、配音、角色、气氛、情节、节奏的设计来让观众体验"非遗"作品的民俗民风，感受"非遗"的艺术魅力。

4.1 展览式沉浸的体验

展览式沉浸体验指渲染某种特定的氛围，增强代入感，使浏览者主动参与其中，增强参与度。展览式沉浸交互设计通过技术手段模糊物理与数字世界之间的界限，从而营造出沉浸感的体验。将交互设计带入"非遗"项目，可以激发用户的好奇感与参与感，感受新的世界被打开的惊喜感，在这个重构并真实还原某个外部世界的地方更高效地去感知、去体验传统技艺带来的别样体会。古人讲究观画"卧游"，其意是仅欣赏山水画就仿佛置身美景之中游览，是古人对于沉浸式游览的一种向往。

"千里江山图3.0"让今天的人们可以直观地通过观展完成"可望、可游、可居、可交互"的游览过程，如图4-1所示。动态图卷不断呈现出日出、细雨、黄昏、夜晚等景象，并利用实时分层渲染技术，给予观众沉浸式互动体验。让观众融入这个画中，可以听到鸟叫声，可以感受到水流，有一种空灵的意境美，观众和画作产生精神共鸣。为增强趣味性，拉近传

---

❶ https://zhuanlan.zhihu.com/p/77104882

统文化与观众的交流距离，展览设置了"心相山水"单元。观众可以自由选取"千里江山图3.0"中的山川、树木、建筑等元素，滑动屏幕用想象力拼贴出心中的千里江山图景。北京故宫上演的沉浸式互动艺术展演"清明上河图3.0"，应用各种高科技技术，从各种维度最大化地营造观展的沉浸感和互动性，帮助人们打破时空的限制，身临其境于北宋的汴京，通过看、触、听、赏、玩，让人们由衷地产生对中华文化的自豪感。

图4-1 "千里江山图3.0"
（http://game.flyh5.cn/resources/game/zyk_game/201904/dunhuang/main.html）

4.2 虚拟式沉浸的体验

虚拟现实艺术是伴随着信息技术的不断发展而快速发展起来的艺术形式，它以特殊的方式为用户提供了独特的交互体验，通过构建一个数字化的虚拟世界为体验者提供艺术与美学价值享受。虚拟现实以数据化手段为依托，通过人类的视觉、听觉等感官系统，创造出完全虚构的情境或者以镜像形式来表达现实。在虚拟情境中，人们可以凭借各种设备实现与虚拟场景中物象的互动。虚拟现实艺术是沉浸交互体验最直接的表达方式。依托数字技术超越真实，丰富人们的认知体验。虚拟现实艺术通过营造幻觉，使人们能体验到现实的极端性突破的感觉。在虚拟的物品或空间里，用户可以实时的、非线性的进行人机交互，控制虚拟的物品，或在虚拟空间内自由活动。互动装置类虚拟式沉浸展示需要硬件和沉浸式展示内容，硬件包括投影、头显等视觉显示设备，声音设备和位置追踪仪、数据手套、眼动仪等交互设备，同时还需要硬件和数字内容的完美配合才能完成沉浸感的交互体验。

随着基于微信的H5技术普及，VR结合3D立体全景模拟，使H5也能够给用户产生现场体验感，极大地方便了用户通过移动终端体验虚拟沉浸感。二维的H5页面与VR的结合可以是实景图拍摄，通过专业相机将真实场景进行360°的记录，捕捉整个场景的图像信息，再将照片按点位和顺序进行分组，使用软件进行图片合成，呈现给观赏者；也可以是绘制的全景图，把二维的平面图模拟成真实的三维空间。

如图4-2所示，"百科博物馆计划·枫丹白露宫"H5页面通过360°全景展示以及陀螺仪技术，最大限度地还原了枫丹白露宫的全貌，使用户

图4-2 "百科博物馆计划·枫丹白露宫"H5页面
（https://baikebcs.bdimg.com/baike-museum3d/fontainebleau/index.html）

得以用第一视角体验。通过手机给用户身临其境之感。墙上挂的画作点击之后可以弹出窗口对画作进行介绍。

"i71艺术展"的H5页面，目的在于将"71号艺术展览馆"搬到线上，让更多人可以跨越时空来看艺术作品展，打开H5进入展览馆，可以利用手机重力感应720°观看场馆内的展品，每个作品都有交互提示，点击后，弹出作品介绍。在设计上，以手绘全景图加交互弹出窗口营造出科幻感，这种新颖的形式和酷炫的效果能激发用户的参与热情（图4-3）。

图4-3 "i71艺术馆"H5页面
（https://www.iqiyi.com/20180704/a8e7893e8abd9ec8.html）

随着数字科技的发展，H5页面中的VR不再是单一的简单全景相册，可以增加地图功能优化游览体验，增加手绘元素，逐渐丰富产品形态。"全景故宫"最新版本还优化了游览推荐机制。根据宫区分类，重新构架几千张全景素材的数据逻辑，根据观众的所处位置，智能推送周边游览区域，提升了各位观者的游览体验。虚拟式沉浸体验手段融入"非遗"，不仅仅是再现一个"非遗"技艺的场景或文物式展示"非遗"作品，而是将

"非遗"的内涵和信息进行解读，通过再设计、再创作的解码方式，以娱乐与教育相结合的方式，让浏览者以潜移默化的方式了解并传播"非遗"文化。

4.3 体感式沉浸的体验

　　智能眼镜、沉浸式设备、体感游戏逐步走入大众的生活，体感交互展示新颖、娱乐性强，可以在虚拟现实的环境中使体验者身临其境，且凌空手势的操作方式简单，红外探测可以感应到身体轮廓在大屏幕前产生的变换，适合用在"非遗"展馆展厅、校园科教等地，也常出现在人们的生活中。体感交互技术作为前沿科技，由于互动效果和驱动性强，在许多沉浸式体验环境里为用户提供了极具沉浸感的交互环境，自然的体感交互削弱了人们对鼠标和键盘的依赖，降低了操控的复杂程度，使用户更专注于动作所表达的语义及交互的内容。用户可以通过自然的身体动作和手势与互动传感系统自然交互，触发灯光装置令光线产生变化，或挥动手臂让屏幕上产生交互变化。研发者可以通过Kinect体感交互设备获取场景中的视频信息，通过检测用户的动作判断其操作意图，挥动手臂可以更换内容，手臂在某个位置停留可以选定衣服和配饰，Kinect实现了用户和屏幕之间的遥控器功能。不论用户如何操作，服装都像真人穿在身上一样，即使试穿者转身或跳跃，虚拟服装也能出现很好的随动特征，带给用户如同在真实试衣间一样的沉浸式体验。体感交互适合传统服装配饰或网店试衣间"非遗"项目的互动展示。

　　将"非遗"项目与高新科技相结合，将"非遗"推向大众市场，以此吸引大众来接触、了解并守护中国传统技艺，让"非遗"技艺更好地流传保存下去，实现可持续化发展，并为处于转型期的其他"非遗"项目提供传承发展的新思路。

4.4 跨介质沉浸的体验

　　将AR技术运用到纸质图书上，可以将传统纸质图书静态的图文以视频、动画、全景图、有声讲解等综合媒体展示出来，打破传统的纸质图书单一的视觉浏览，突破传统感官接收模式，从视觉、听觉、味觉、嗅觉、触觉等多重感官系统入手，通过多层次的感官机能刺激，使体验更加多元，进而使用户更深入地理解阅读内容。

　　AR技术让书里面的文图"活了起来"，带给读者一种前所未有的实景互动体验。使用前要先在手机或平板电脑里下载指定的应用程序。打开应用程序后，用移动设备的摄像头去扫描AR图书指定页码上的二维码，通过移动设备的屏幕可以看到书中平面的人物形象变身为3D立体的图像和视频，点击屏幕还可以与书中人物进行互动，将视觉的画面扩展到视听多方位的体验。如图4-4所示，"聂家庄泥塑"电子读物宣传海报中应用到AR技术，观众通过扫一扫海报中的扫描区域即有介绍聂家庄泥塑技艺的视频弹出，扫一扫叫虎可以弹出360°旋转的立体叫虎视频，扫一扫玩耍的孩童即可弹出孩子玩吧嗒棒的真实视频。

图4-4 "聂家庄泥塑"
电子读物宣传海报

4.5 场景沉浸式的体验

场景沉浸式的体验能让观众在当前数字技术营造的情境下感到愉悦和满足,而忘记了真实世界的情境。最初应用于山水实景表演,如张艺谋导演的国内第一部山水实景表演"印象刘三姐"。传统演出是在剧院有限的空间里进行,这场演出则以自然为实景舞台,放眼望去,阳朔的山水画廊化为中心的舞台,给人宽广的视野和超现实的感受,让观众完全沉浸在这美丽的阳朔风光里。后来随着技术的发展将设计、艺术、科技三者相结合,能够增强互动性的沉浸式场景体验已应用到展览馆、景区、商业设置中。

如图4-5所示,纽约科学馆开发的一个大型沉浸式互动生态场景,该设施由丛林、沙漠、湿地、河谷、水库和草原等栖息地组成,每个栖息地都有不同的植物和动物,由一个交互式地板和栖息地中央的一个瀑布连成一个整体。参观者可以通过控制水量蒸发的速度、植物生长的速度来为场景增加变数,参观者也可以通过移动障碍物的方式来改变水流流向。整个场景就像一个沉浸式的大型游戏系统。

图4-5 纽约科学馆大型沉浸式互动生态场景
(https://www.sohu.com/a/325062583_100052013)

场景沉浸式交互方式同样可以应用到 "非遗" 内容的移动交互内容开发中，近年来传统文化选题的App、H5页面或轻应用等以 "非遗" 的技艺或应用场景为用户营造置身其中的沉浸式展示环境。用户浏览时如同身临其境，全方位调动浏览者的视觉、听觉、触觉等感官系统来获取信息。

皮影戏是观众通过幕布和灯影观看平面人偶表演的戏剧形式，皮影戏的演出需要唱腔、影像的高度配合才能达到演出的娱乐效果。如图4-6所示，"民间皮影" 电子读物的界面设计让浏览者置身于皮影表演的过程中，用户点击栏目可查看信息，通过触摸屏幕可以拖拽皮影，配合音效进行皮影表演，真实的皮影表演环境带给浏览者全身心的融入、沉浸和情感交流。

图4-6 "民间皮影" 导航页
（设计：陈佳奇、李高朗、王贺；指导教师：吕悦宁）

网易移动游戏 "绘真·妙笔千山" 在移动平台上完美还原了青山绿水的唯美场景和绚丽色彩。将平面化的画卷演变成为立体的山水场景，带领玩家进入一幅幅青山绿水的画卷中，用全新的方式诠释千年古画的璀璨与光华，让人们在掌中的方寸之间感受传统文化的魅力。

如图4-7所示，H5页面 "30秒，让你跨越两千年" 介绍了龙舟文化，展示了端午龙舟文化中 "起龙—采青—赛龙—藏龙—散龙" 的过程，宣传中国传统文化，手指拖动端午龙舟，手绘场景将逐一出现，扁平化的中国风插画场景，配合手指滑动的交互，一样产生有代入感的场景沉浸式体验。

图4-7 "30秒，让你跨越两千年"H5页面
（http://qixinweb.37.com/h5/huodong/2019dragon/index.html）

4.6 游戏沉浸式的体验

　　游戏化学习是教育和娱乐不断走向融合的产物，而移动终端由于突破了时间、场地限制和集视听体验于一体的娱乐化特点成为游戏化学习的重要平台。在"非遗"知识传播中设计游戏体验环节，可提高浏览者的交互体验和学习兴趣，加深对知识的理解并提高移动终端用户的浏览黏度。基于移动终端的"非遗"数字产品游戏设计中常用的表现方法有：经典造型或色彩DIY游戏、知识与形象比对连线、角色互换游戏体验、游戏激励机制、作品分享等。

　　如图4-8所示，App"斗栱"游戏环节属于部件组装式游戏，精选了五款斗栱结构，以720°全方位展示，通过拖拽进行拼接，让用户直观地体验斗栱的组装过程。

　　如图4-9所示，H5页面"穿越千年，邂逅敦煌"是大话西游与敦煌博物馆联合制作，推广"文物守望计划"的作品，是角色DIY式游戏，让用户体验修复文物的工作过程，滑动屏幕从"画砖""铜镜""陶俑"中选择一个，点击样式图标后文物上会出现相应效果，然后选择着色，输入自

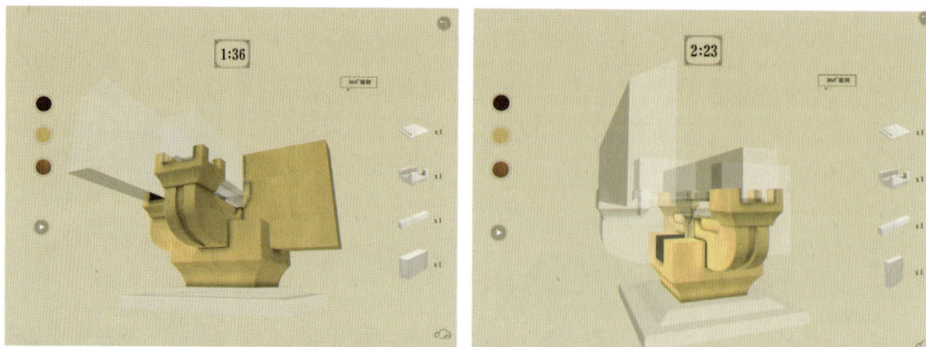

图4-8 "斗拱" App
（版权：© 童芳、卢毅、徐子懿）

图4-9 "穿越千年，邂逅敦煌" H5页面
（https://ljfl.easy-h5.cn/Home/Dhxyx/index?share_type=3）

己的名字，即可生成海报，海报包括用户名、修复效果图、出品方名字和文物原型介绍，用户可点击 "查看复刻证书" 看自己是第几位守护者，也可以选择重新复刻。

如图4-10所示，H5页面 "我在宫里遇到一件奇怪的事" 是集碎片式游戏，以360° 全景方式展现，从房间里面找到书页残片，点击收集，一共有六张残片。集齐碎片之后用手指在框内写下名字，点击召唤神兽，会出现一张命中的守护神兽。

如图4-11所示微信小程序 "敦煌诗巾" 是图案拼贴式游戏，将敦煌藻井的图案延续到丝巾上，通过用户的交互，以 "层" 的叠加变化创作丝

图 4-10 "我在宫里遇到一件奇怪的事⋯⋯"H5 页面

（https://s1.mi.com/m/ghd/2019/0117cel/index.html）

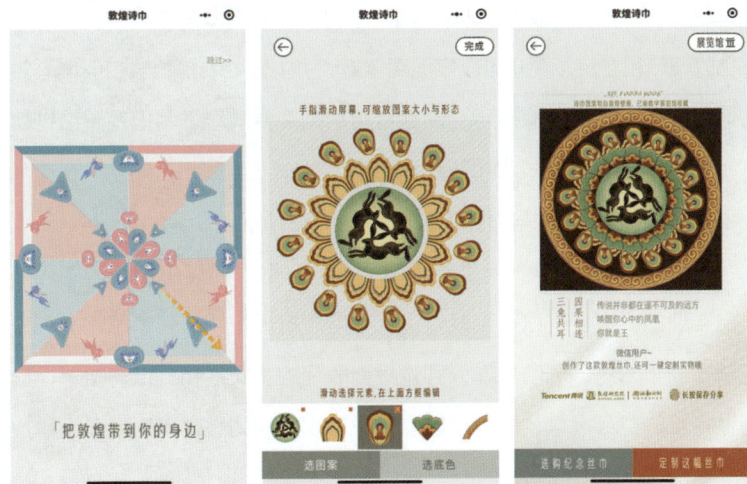

图 4-11 "敦煌诗巾"微信小程序

巾图案。用户可以通过对元素的缩放、旋转、位置调整，以自己的想象和审美创作出无穷的可能性。丝巾图案生成后，系统会根据图案的寓意生成三行诗，把美好愿望寄予这方敦煌诗巾。还可以一键定制自己创作的丝巾，每一条都独一无二，每个人都可以做设计师。

在移动终端"非遗"数字产品中，可通过游戏进一步诠释"非遗"技艺，将关键技艺分解，用游戏的形式让用户体验"非遗"技艺的制作过程比文字、图片式的展示更具有感染力，同时有利于"非遗"文创作品的创新，也更适合向青少年传播"非遗"知识。

4.7 三维沉浸式的体验

"非遗"作品的制作技艺、纹饰、色彩是最打动观众的元素，而传统的书籍画册和平面图像在展示效果方面存在局限性。作为一种最接近于实物的展示方式，三维虚拟交互式展示能清楚看到"非遗"作品各个角度的形态以及各部分细节，达到如见实物、身临其境之感。用户通过手指旋转观察展品细节，如同沉浸在现场把玩、欣赏"非遗"作品。三维沉浸式体验可以更直观地了解"非遗"作品的全方位结构，弥补了图像展示中角度的限制。

如图4-12所示，"赏笼"App利用高精度的三维数据立体全方位地展示了文物的细节和全貌，观众可以零距离360°"触摸"文物并与之互动。"赏笼"大量应用了三维虚拟展示，浏览者可根据需要滑动屏幕拖拽展品进行360°浏览细节。App"云锦织道"呈现了交互式三维织机，观众可在交互过程中直观学习织机结构与对应工艺，如图4-13所示。

"沉浸"式体验让浏览者能够通过视、听、触、嗅等感觉和智能化艺术作品实现即时交互，以达到观众进入数字虚拟场景中得到多感官的沉浸式审美享受。当然，沉浸并非只强调界面表现的真实性和三维体验感，应该通过特定的交互操作、主题内容、视觉表现及移动终端手势、多点触控等技术共同营造虚拟环境。

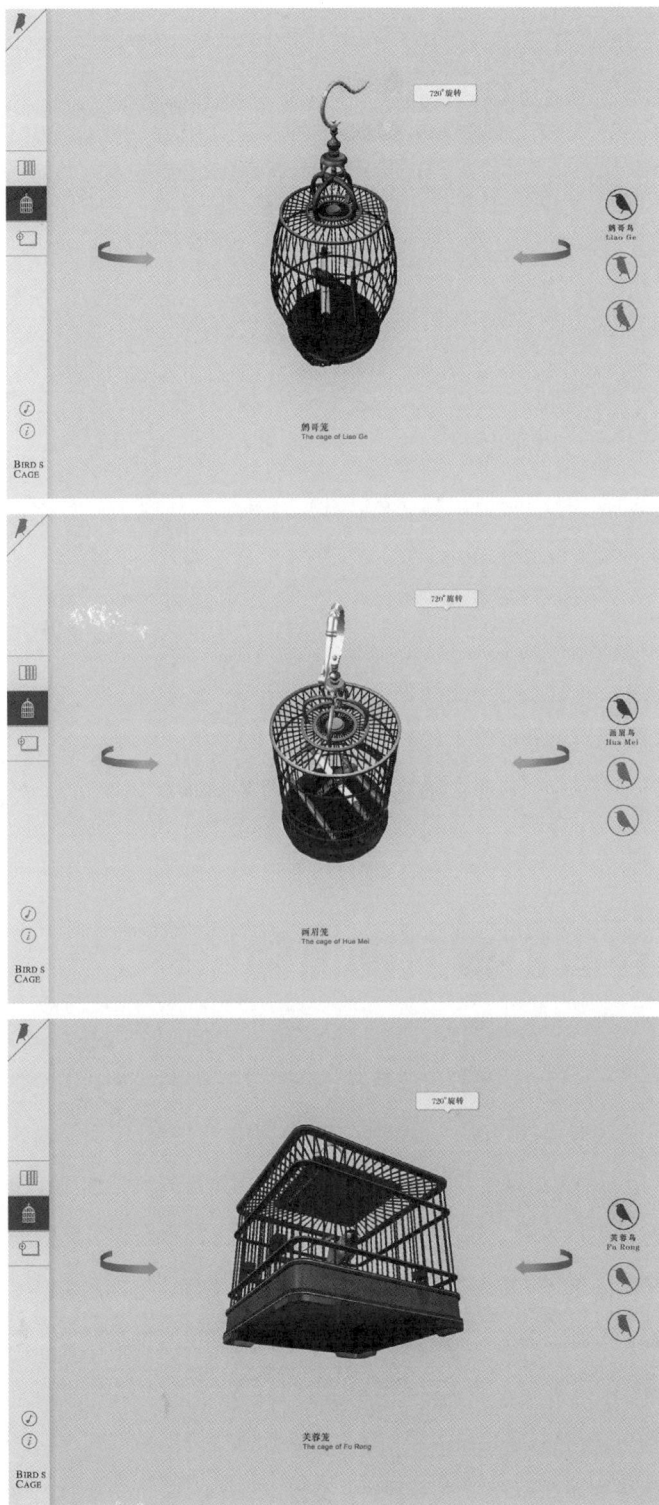

图4-12 "赏笼" App 中的三维体验

（版权：© 童芳、卢毅、王云）

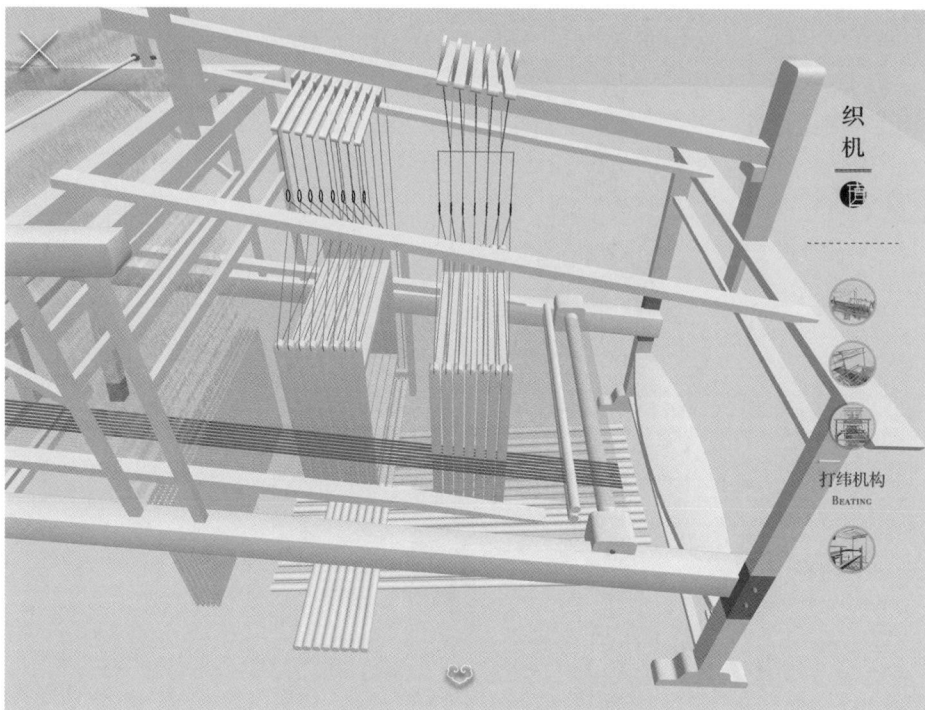

图4-13 "云锦织道"App中呈现的三维织机

（版权：© 童芳、卢毅、闫肃）

4.8 一镜到底沉浸式的体验

一镜到底是一种理性的影视展现手法，完整不切分的镜头表达，没有剪辑痕迹，一气呵成播放到底。一镜到底的表现手法应用到H5页面设计中，是在H5页面中通过模仿镜头的运动，使不同的画面元素陆续呈现在观众眼前的一种表现方式。基于对H5的广泛应用，"艺术处理"后的一镜到底为用户在移动终端提供了沉浸式体验。用户无需翻页与刻意切换场景，一张长图、一幕长镜头，就能将所需表述的场景和交互铺陈开来，毫无卡顿地流畅展现。

H5页面中的一镜到底有长页图和场景穿梭加画中画两种形式。长页图表达方式就是简单的垂直或水平滑动，交互过程中将其他元素融入滑动，能让作品更加立体，让故事的传达更加直接明了，无论是视觉效果还是趣味性，都非常出彩，故事内容丰满，逻辑清晰，可读性强。如图4-14所示，H5页面"逃不掉的四字魔咒"，进入页面时会提示向左滑动屏幕展开动画。向左滑动时，动画正向播放，向右滑动则会倒放。案例讲述主角回忆起从小到大，在家庭、学校、职场等各种地方，所遭遇的各种"四字魔咒"。随着"主角"头发慢慢变白，步入老年，画面也到达结尾页。从老人的眼睛进入，营造了回忆的感觉，最后再从眼睛里出来，整体有头有尾，沉浸式的交互体验塑造得很好。

画中画式一镜到底由大缩小或者由小放大，感觉是在一个空间里面，通过镜头的穿梭凸显出所述事件。网易每年都会推出"娱乐圈画传"，把当年娱乐圈发生的大事件做成一个神奇的H5，通过数张手绘加一镜到底的画面回顾过去。如图4-15所示，H5页面"二零一九娱

图4-14 "逃不掉的四字魔咒"H5页面
（http://news.163.com/special/fdh5_tolerance/?spssid=bcaff8c-cd7e8bdea7734a5b1b7f3cb15&spsw=3&spss=other&from=s-inglemessage）

图4-15 "二零一九娱乐圈画传"H5页面
（https://wp.m.163.com/163/page/ent/ent_painting2019/index.html）

乐圈画传"采用场景穿梭加画中画的表现形式，沿袭了用古风插画盘点娱乐圈热点事件的传统，如椽之笔，笔触传神。长按屏幕展现热点事件，松手即停格在当前画面，给用户在画中穿梭徜徉的感受，事件之间的画面过渡设计得十分巧妙，部分画面还配有动态效果，使整个H5更具活力。

"非遗"走入现代生活是保护和传承的需求、是创新与发展的需求，是拓展我国传统文化技艺、赋予新文化价值的全新思路。传统的静态展出只是浅层次的到过、看过、来过，而沉浸式展览是深层次的感受体验，追求精神共鸣。沉浸式展览的现场设置交互体验区，观众通过自己动手DIY展品，可加深对文化作品的印象，数字技术不仅丰富了表现的形式，带来体验感，也加强了对"非遗"文化的保护。仅仅将"非遗"数字化，通过扫描、拍照等数字技术，以二维、三维的形式将文物进行数字化整理，只是浅层次的"非遗"数字化，我们还应该在在数字化过程中为"非遗"文化创造新的价值。

第5章
适合精读的
App 设计

5.1 子界面实现图片的滑动

5.1.1 作品描述

本作品为泥塑水平滑动展示型作品，通过手指左右滑动可实现更换不同泥塑作品的交互效果。适用于作品展示中的图片展示效果，可以实现水平或垂直两个方向的滑动展示。除了实现图片滑动外，子界面也可以实现文本或图文混排的滑动交互。

5.1.2 作品实现

（1）安装"Aquafadas"（拓鱼）InDesign插件，打开InDesign，在菜单栏中选择"AVE Project Manager"，单击左下角加号创建新项目。方向：水平。如图5-1所示。

（2）在项目中新建InDesign文件，选择"矩形工具"，绘制矩形，

图5-1 新建项目

按【Control+d】键将背景图"桌子"置入，右键单击选择"适合"→"按比例适合内容"，如图5-2所示。双击打开图像进行图像大小和位置调整，将桌子置于页面底部。

（3）在桌面上方绘制矩形，选中矩形，在"AVE Interactivity"面板中选择"子界面"，滚动方式选择"水平从左开始"，如图5-3

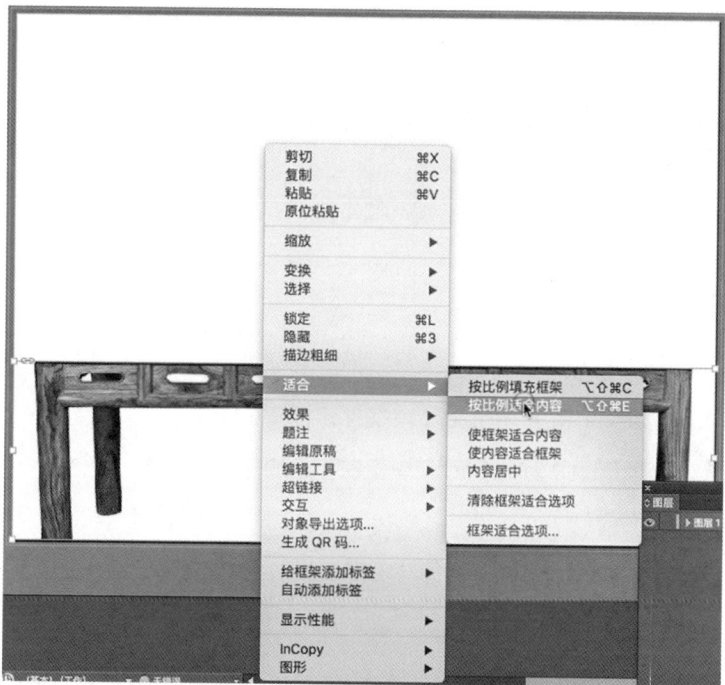

图5-2 调整图像

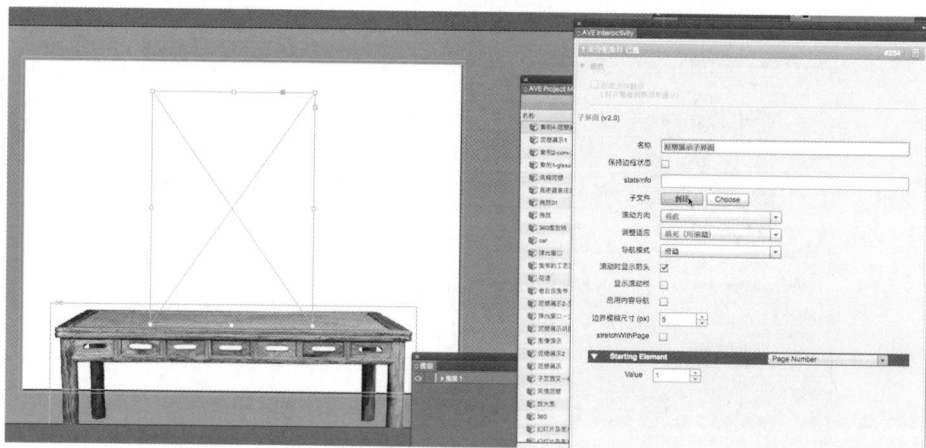

图5-3 设置子界面

所示。点击"创建"后存储文件。

（4）在子界面中绘制矩形，按【Control+d】键将第一张泥塑展示图像置入，右键单击选择"适合"→"按比例适合内容"，双击图像调整位置，使之与桌面位置相匹配。

（5）在"页面"面板中，选择"新建页面"，如图5-4所示。在新页面中绘制矩形，按【Control+d】键将第二张泥塑展示图像置入，右键单击选择"适合"→"按比例适合内容"，双击图像调整位置，使之与桌面位置相匹配。用同样的方法将第三、第四张图片置入，并根据版面要求调整其大小和位置。

（6）保存子界面并关闭，回到主页面中，双击主页面中的感叹号或在链接面板中双击更新子界面的链接即可。如图5-5所示。

（7）发布与测试：文件保存后到"AVE Project"中选择"生成项

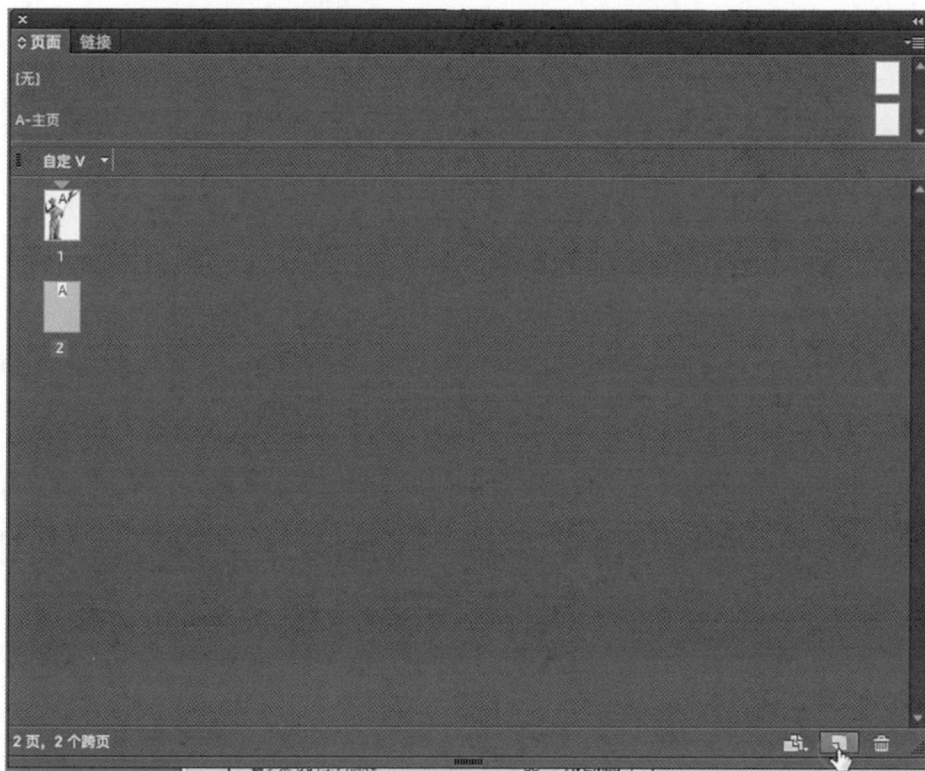

图5-4 新建页面

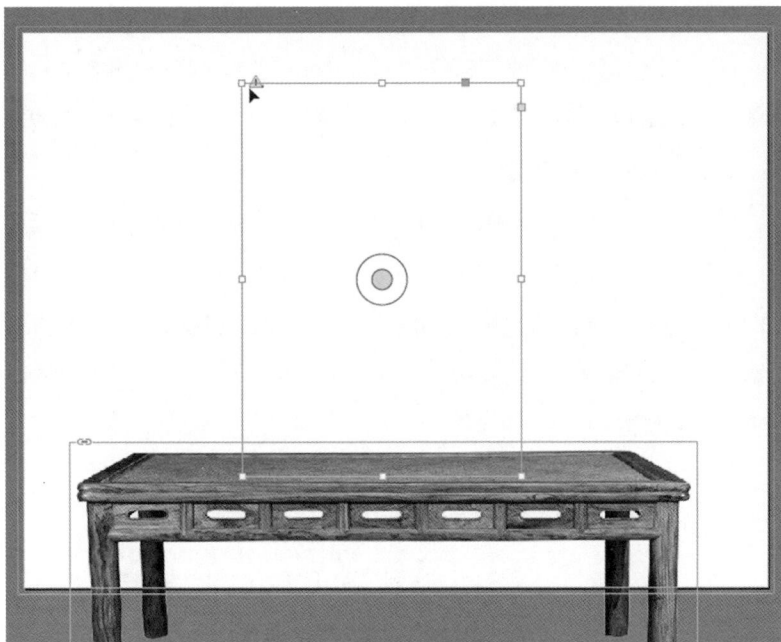

图5-5 更新链接

目"，勾选"全部重新生成"，同时运行 Photoshop 软件，生成完成后，选择测试即可。

　　注意：测试需要在 iPad 或 iPhone 中安装 Aquafadas Viewer 程序，保证电脑和手机在一个移动信号段，通过查看 Aquafadas Viewer 程序中的传输地址，在电脑端测试页面中的 URL 处输入传输地址，在移动端就可以进行测试浏览。

5.2 按键实现图层的显示与隐藏

5.2.1 作品描述

　　本作品为凤翔泥塑点击缩略图实现大图与文字的展示型作品，通过点击桌面上的小缩略图，可以显示与其相对应的大图和文本，文本可实现垂

直滚动效果。点击后的大图也可以通过交互面板中的"图片"功能实现大
图在切换中的微动及缩放平移效果。

5.2.2 作品实现

（1）选择菜单栏中"AVE Project Manager"，单击左下角加号创建
新项目。方向：水平。如图5-6所示。

（2）在项目中新建 InDesign 文件，选择"矩形工具"，绘制矩形，按
【Control+d】键将背景图"桌子"置入，右键单击选择"适合"→"按比
例适合内容"。双击图像进行图像大小和位置调整，将桌子置于页面底部。
如图5-7所示。

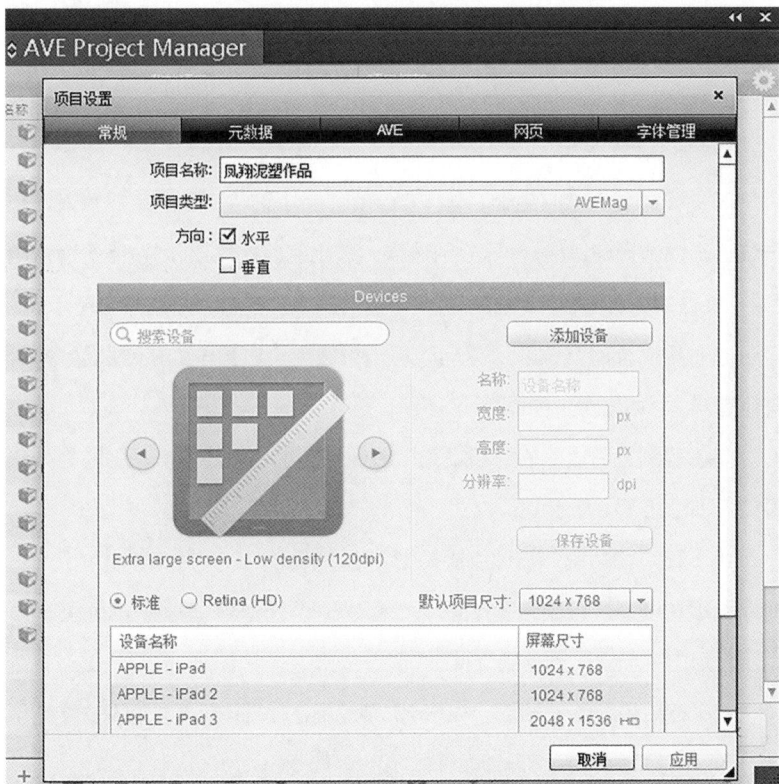

图5-6 新建项目

图5-7 桌子摆放位置

（3）在桌面上绘制矩形，按【Control+d】键将"和顺兔"置入，单击鼠标右键选择"适合"，再分别选择"按比例填充框架""按比例适合内容""使框架适合内容"调整好第一个按键的大小位置。如图5-8所示。

（4）用同样的方式依次将启明鸡、机灵狗、富贵羊的按键图像导入，并调整其大小和位置。如图5-9所示。

（5）复制之前置入的"和顺兔"图像，图层，修改图层的名称为"和顺兔"。如图5-10所示。

（6）在"和顺兔"右边绘制矩形，选中矩形，在"AVE Interactivity"面板中选择"和顺兔子界面"，"滚动方向"选择"垂直"。如图5-11所示。点击"创建"后存储文件。

（7）在"和顺兔子界面"中进行文字编辑，根据排版要求调整文字的字体、字号、字间距、色彩及标题的样式设计。如图5-12所示。

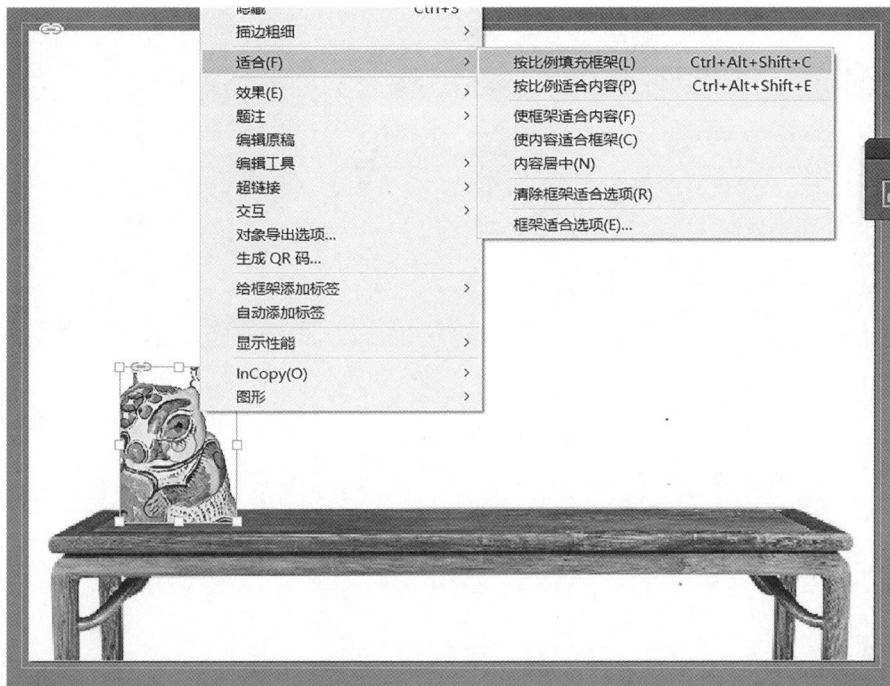

图5-8 调整图像

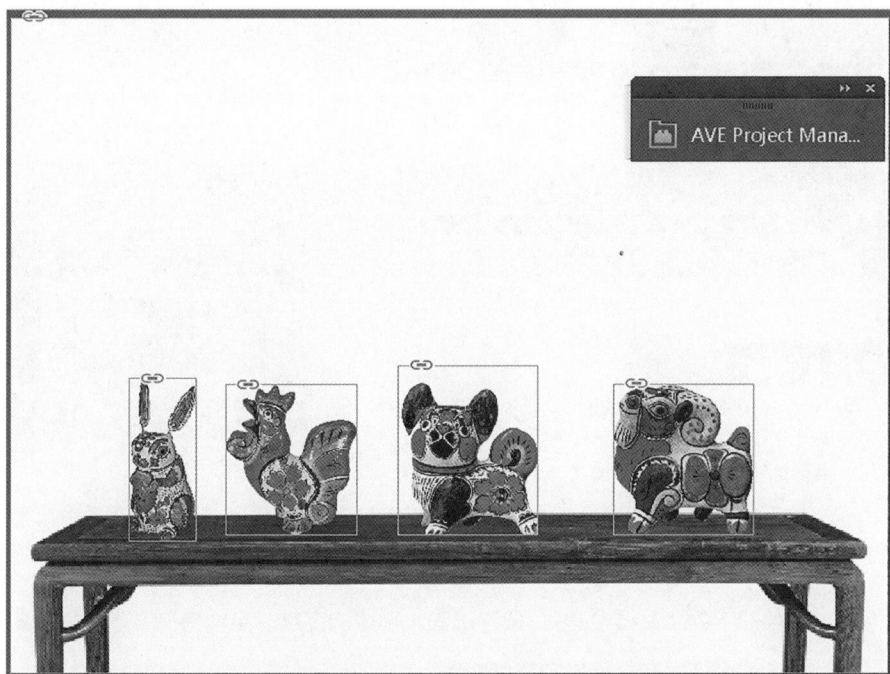

图5-9 置入图像

图5-10 修改图层名称

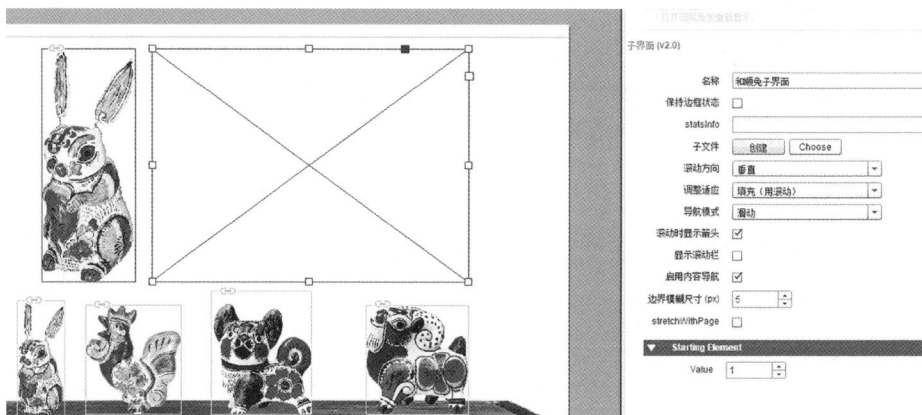

图5-11 设置子界面

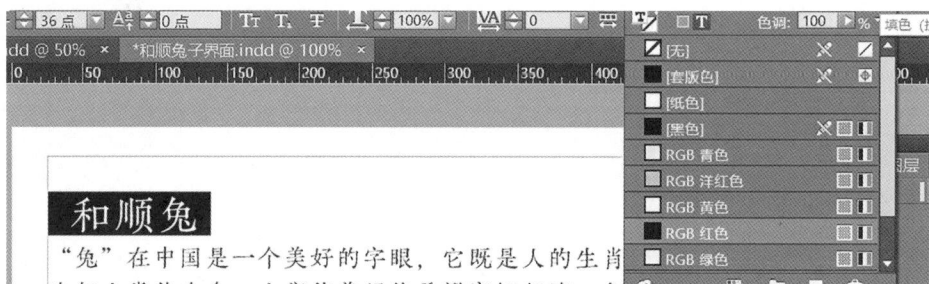

图5-12 调整文字

（8）在子界面中根据当前文本内容的长度调整文档设置，选择"文件"下的"文档设置"，调整页面大小中的高度。高度根据文本版式确定后的全部展开高度确定高度数值，应比展开后的文本高度数值略高一些。如图5-13所示。

图 5-13　设置页面高度

图 5-14　更新链接

（9）保存子界面并关闭，回到主页面中，双击主页面中的感叹号或在链接面板中双击更新子界面的链接即可。如图5-14所示。

（10）用同样的方法，依次复制启明鸡、机灵狗、富贵羊图层，注意修改图层名称。在相应图层中绘制矩形，设置文字子界面，保存并回到主页更新链接。如图5-15~图5-18所示。

图5-15 "和顺兔" 图像和子界面设置

图5-16 "启明鸡" 图像和子界面设置

机灵狗

狗是人类患难与共的朋友，被认为是通人性的动物，它对人类特别忠诚，因而具有忠贞不渝的意义。古代中国人把狗视为吉利的动物，有预兆吉凶灾异的象征作用。此外，还有除灾的作用。

泥塑小狗抬头挺胸，双耳竖立，尾部卷曲高跷，四腿用力，眼睛明亮，显现了一只可爱憨厚的小狗警觉活跃的神态。背部两侧各彩绘一朵饱满的牡丹花卉，尾部和双耳绘有艾草等植物符号，以及头部的海棠花卉和

图5-17 "机灵狗"图像和子界面设置

富贵羊

胡新明和老艺人胡深设计创作的彩绘泥塑作品"富贵羊"被选为2003羊年生肖邮票主图案。泥塑作品"富贵羊"，在体态丰满而又略显顽皮的造型上，以彩绘填涂和墨线勾描为主要装饰手法。卷曲肥大的金黄色羊角、赤红的前胸、粉红的海棠花、翠绿的花叶装饰，加上黑色线条的灵动勾勒，大红大绿的色调明快鲜艳，洋溢着浑朴大方的气息。

图5-18 "富贵羊"图像和子界面设置

（11）新建图层，修改图层名称为"按键"。如图5-19所示。

（12）选中第一个"和顺兔"按键，在"AVE Interactivity"面板中选择"按键"并创建，"命令"为"阅读器"，"将要执行"为"层"。如图5-20所示。

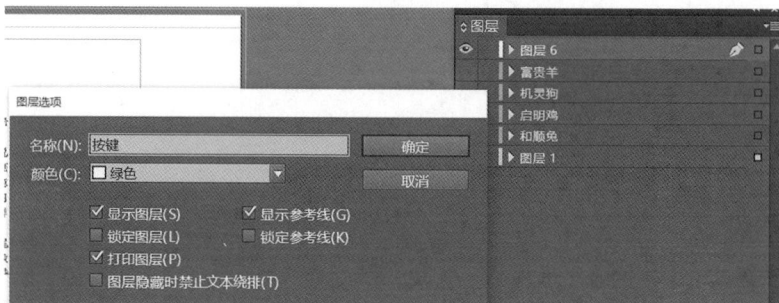

图5-19 修改图层名称

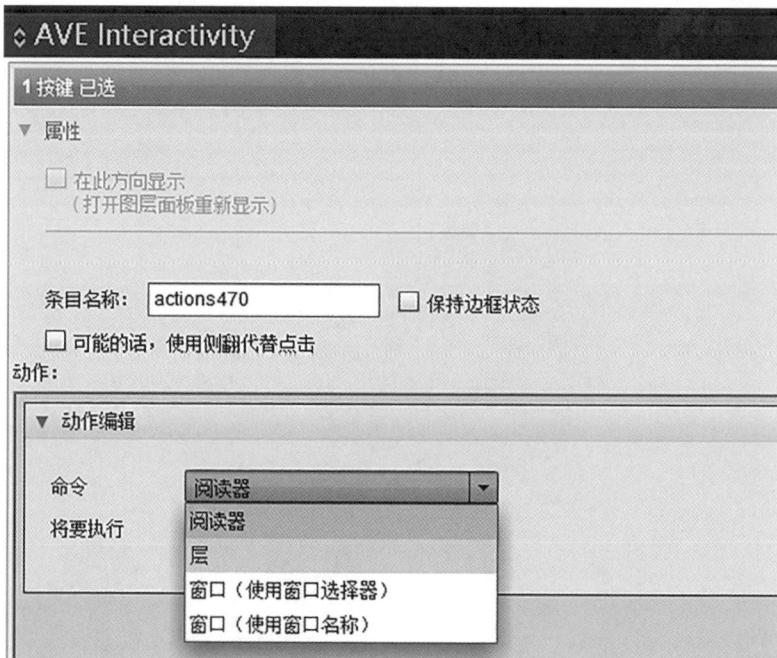

图5-20 设置按键动作

（13）输入与"和顺兔"按键对应的图层名称"和顺兔"，"将要执行"为"变更可见性"，"可见性"选择为"可见"，如图5-21所示。继续添加

动作:

▼ 动作编辑

命令　　　　　层　　　　　　　　　　▼　和顺兔

☑ 保持项目状态

将要执行　　　变更可见性　　　　　　▼

解析ID

可见性　　　　可见　　　　　　　　　▼

渐变持续时间　0　　　▲▼

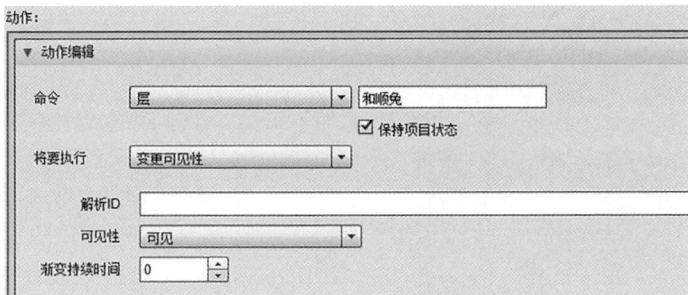

图 5-21 设置"和顺
兔"的图层可见性

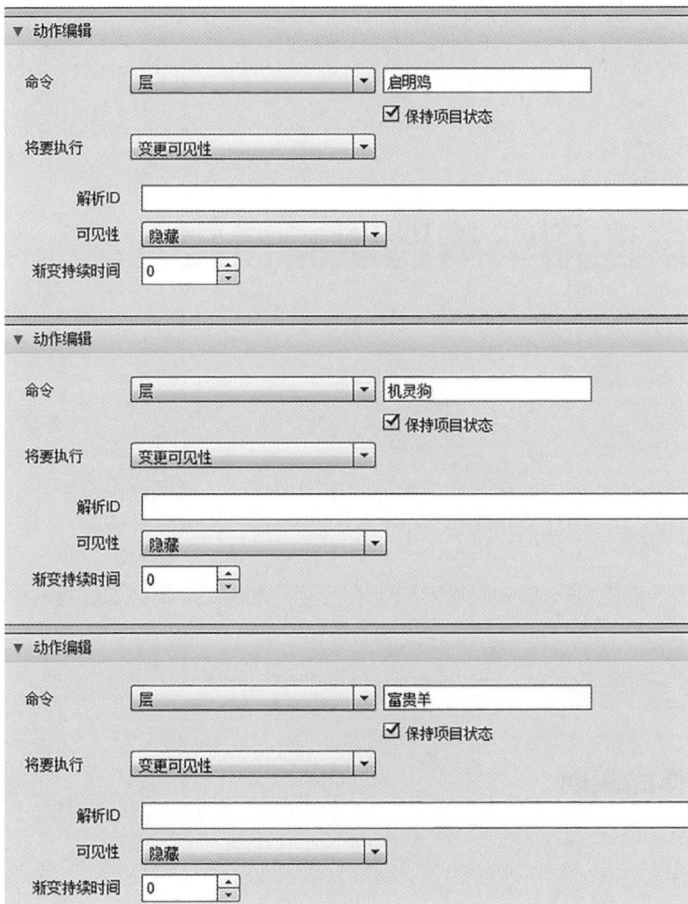

▼ 动作编辑

命令　　　　　层　　　　　　　　　　▼　启明鸡

☑ 保持项目状态

将要执行　　　变更可见性　　　　　　▼

解析ID

可见性　　　　隐藏　　　　　　　　　▼

渐变持续时间　0　　　▲▼

▼ 动作编辑

命令　　　　　层　　　　　　　　　　▼　机灵狗

☑ 保持项目状态

将要执行　　　变更可见性　　　　　　▼

解析ID

可见性　　　　隐藏　　　　　　　　　▼

渐变持续时间　0　　　▲▼

▼ 动作编辑

命令　　　　　层　　　　　　　　　　▼　富贵羊

☑ 保持项目状态

将要执行　　　变更可见性　　　　　　▼

解析ID

可见性　　　　隐藏　　　　　　　　　▼

渐变持续时间　0　　　▲▼

图 5-22 设置其他图
层的图层可见性

动作,将其他图层的"可见性"设置为"隐藏",如图 5-22 所示。

（14）复制"和顺兔"按键,选中按键,在"AVE Inter-
activity"面板中对按键设置进行修改,依次根据按键所对应的内
容,调整图层的可见或隐藏。都设置完毕后注意图层的初始可见

图5-23 设置图层的初始可见状态

状态设置，将"启明鸡""机灵狗""富贵羊"图层的可见状态设置为不可见，由按键的点击控制其可见与隐藏。如图5-23所示。

5.3 脚本应用与横竖版面切换

5.3.1 作品描述

本作品为按键点击缩略图实现大图的展示型作品，通过点击左侧的小缩略图，可以显示与其相对应的大图，大图在显示过程中有微动效果。与上个案例不同的是可通过脚本控制图层的显示与隐藏。打开移动设备的横竖屏切换功能，可以实现横竖屏切换的效果。

5.3.2 作品实现

（1）选择菜单"Aquafadas"中"AVE Project Manager"，单击左下角加号创建新项目。方向：同时勾选"水平"和"垂直"。如图5-24所示。

（2）在项目中新建InDesign文件，在"项目框架"处可看到有两个版面的显示，如图5-25所示。先进行横版的设置与排版。

（3）对页面的标题文本进行排版后，选择"矩形工具"，绘制矩形，按【Control+d】键将按键缩略图置入，单击鼠标右键选择"适合"，再

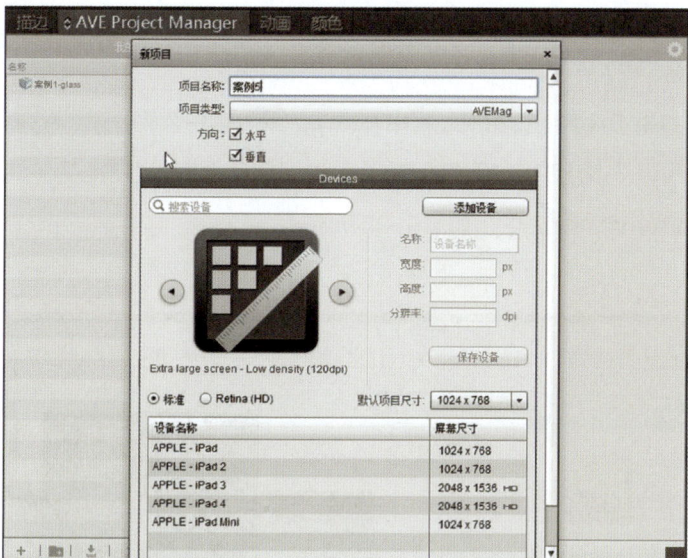

图 5-24 新建项目

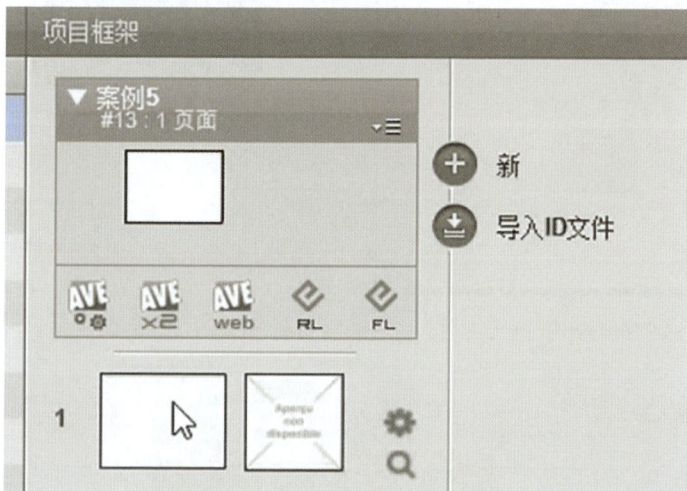

图 5-25 横竖版设置

分别选择"按比例填充框架""按比例适合内容""使框架适合内容"调整其大小和位置。

（4）复制第一个按键，选择"粘贴"，选中后，按【Control+d】键将其他按键缩略图置入，调整六个按键的位置和排版。如图5-26所示。

（5）新建图层，修改图层名称为"1"，按【Control+d】键将第一张大图置入，单击鼠标右键选择"适合"，再分别选择

"按比例填充框架""按比例适合内容""使框架适合内容"调整其大小和位置。如图5-27所示。

（6）如果想让大图在切换过程中有微动效果，选中大图，在"AVE Interactivity"面板中选择"图像"，勾选"启动全屏""使用平移缩放""KenBurns动画效果"。如图5-28所示。

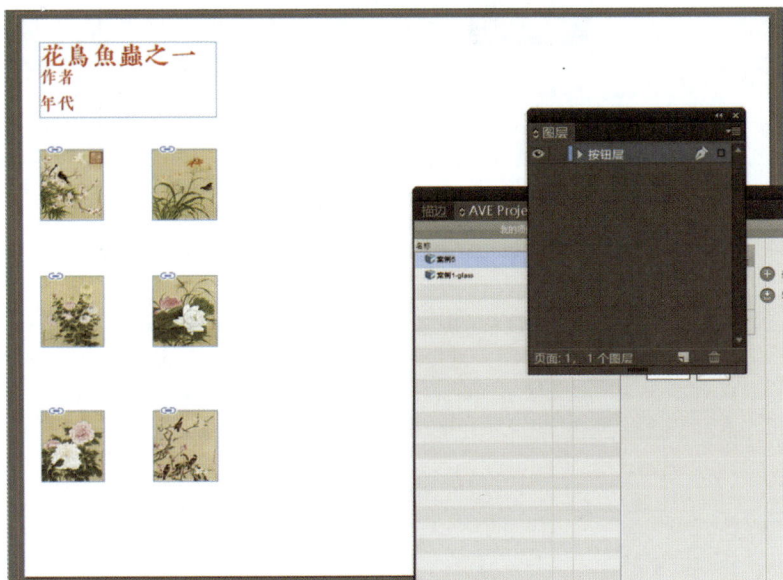

图5-26 六个按键的位置排版

图5-27 图像调整

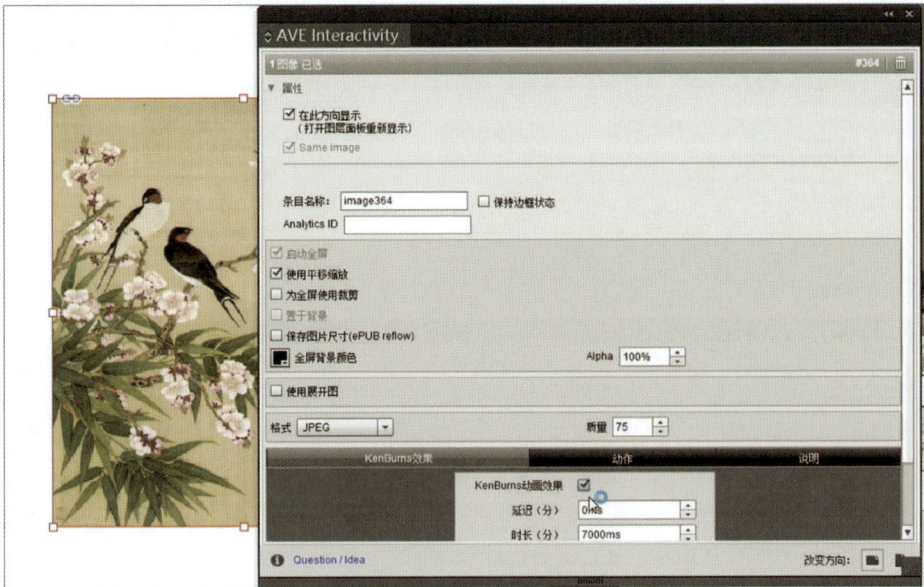

图5-28　交互中的"图像"设置

（7）复制图层"1"的大图，新建图层"2"，在图层"2"单击鼠标右键选择"原位粘贴"，双击打开图像，按【Control+d】键将第二张大图置入，用同样的方法，分别新建图层"3""4""5""6"，将对应的大图置入。

（8）选中按键图层，在本图层的页面范围内绘制矩形。选中矩形，在"AVE Interactivity"面板中选择"脚本"，需要为脚本添加6个动作，让图层1~6同时隐藏。脚本设置如图5-29所示。

（9）在按键图层绘制矩形，选中矩形，在"AVE Interactivity"面板中选择"按键"，此时执行操作：选择"窗口（使用窗口选择器）"，单击并选择窗口，选取脚本，"将要执行"选择"附ID的动作"。如图5-30所示。

（10）继续添加动作，"命令"选择"层"，"将要执行"选择"变更可见性"，"可见性"选择"可见"。即可实现图层"1"的显示，其他图层隐藏。如图5-31所示。

（11）复制按键，选中后在"AVE Interactivity"面板中选择"按键"进行调整，只需将与按键相对应的大图所在图层可见性中修改为"可见"即可。

（12）在"AVE Interactivity"面板中，右下角"改变方向"处，单

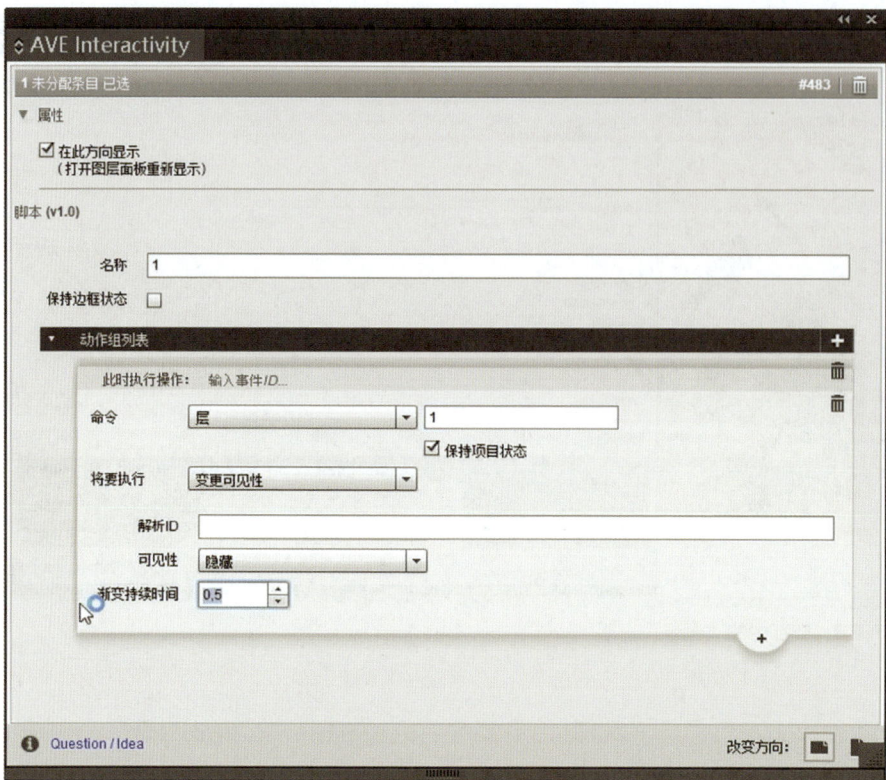

图 5-29 脚本设置

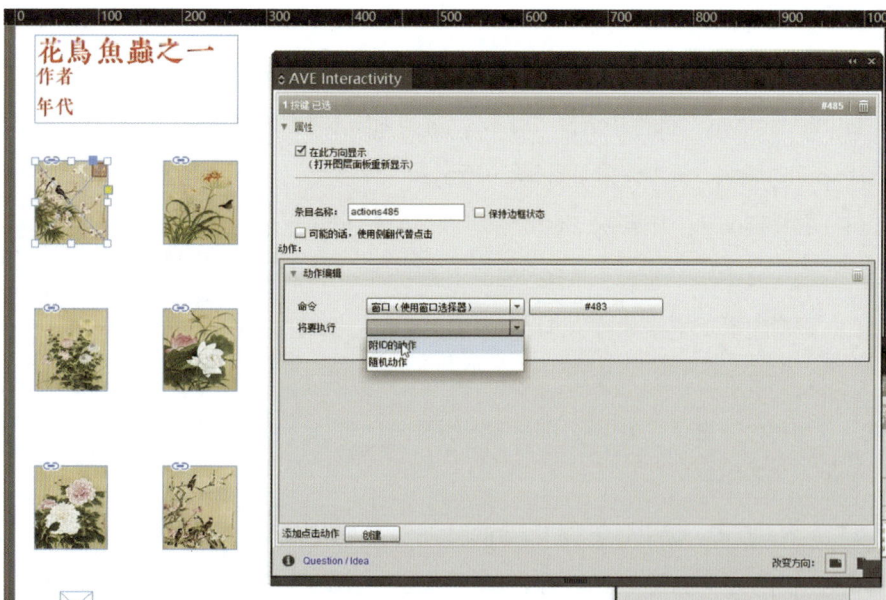

图 5-30 执行 "附 ID 的动作"

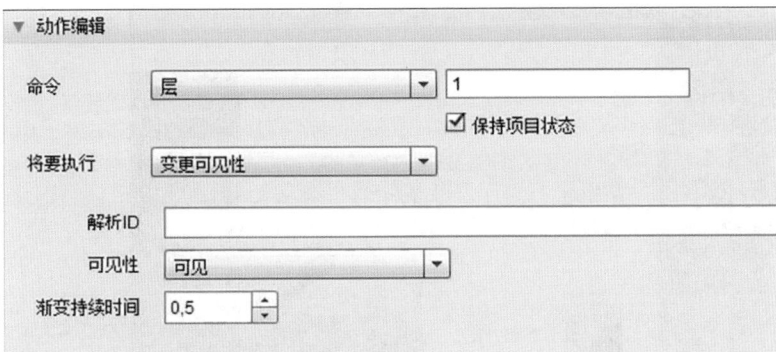

图5-31 图层的显示与隐藏设置

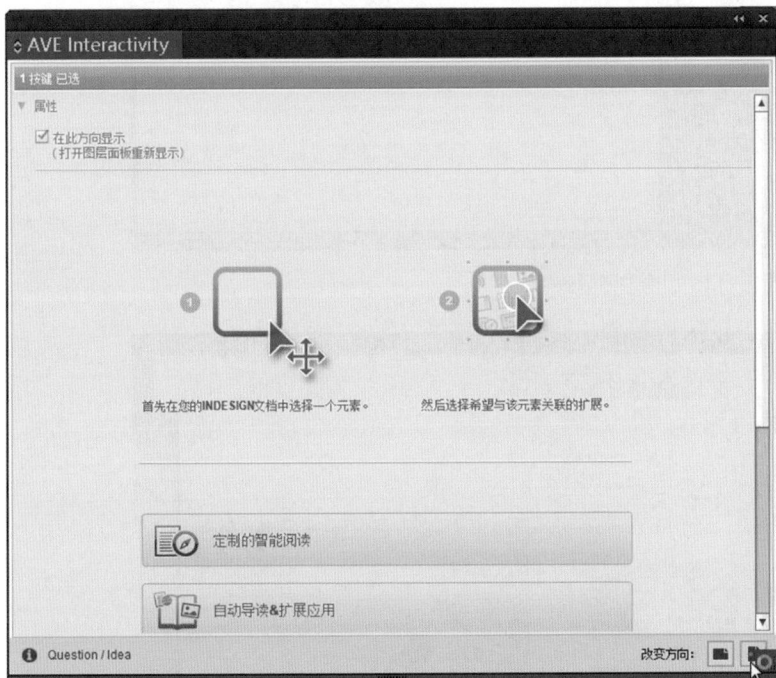

图5-32 横竖版切换

击竖版按钮。如图5-32所示。切换后的版面效果如图5-33所示。

（13）根据竖版的版面比例对按钮和大图及标题文本进行版式调整，注意透明按键和缩略图位置的对应。如图5-34所示。

（14）如果想让项目在初始状态下首先看到的是横版的画面需要到"AVE Interactivity"面板中，在右下角"改变方向"处，单击横版按钮，将初始版式恢复为横版状态。

图5-33 切换为竖版效果

图5-34 版式调整

5.4 锚点实现页面的跳转与图文滑动中的准确定位

5.4.1 作品描述

本作品是应用锚点定位功能实现页面的跳转，在目标页面添加锚点，通过按键点击后可跳转到目标页面。另外，滑动图文也可以实现与文本相对应的图片定位。

5.4.2 作品实现

（1）选择菜单"Aquafadas"中"AVE Project Manager"，单击左下角加号创建新项目。方向：水平。

（2）新建图层"1"，绘制矩形，按【Control+d】键将"工艺流程概括"背景图置入，单击鼠标右键选择"适合"，再分别选择"按比例填充框架""按比例适合内容""使框架适合内容"调整其大小和位置。如图5-35所示。

（3）复制当前图像，新建图层"2"，单击鼠标右键选择"原位粘贴"，双击打开图像，按【Control+d】键将"制模"背景图置入，用同样的方法将"上底色""上色""装饰"的背景图导入，并且依次放置于图层"3""4""5"。如图5-36所示。

（4）新建图层，修改图层名称为"锚点定位子界面"。在本图层中绘制矩形，矩形的大小根据图片介绍中文本的多少确定。选中矩形，在"AVE Interactivity"面板中选择"子界面"，"滚动方向"选择"垂直"。如图5-37所示。点击"创建"后存储文件。

（5）在"锚点定位子界面"图层中绘制与子界面高度一致的矩形，放置于页面的左侧作为参考线，如图5-38所示。选择"文件"下的"文档

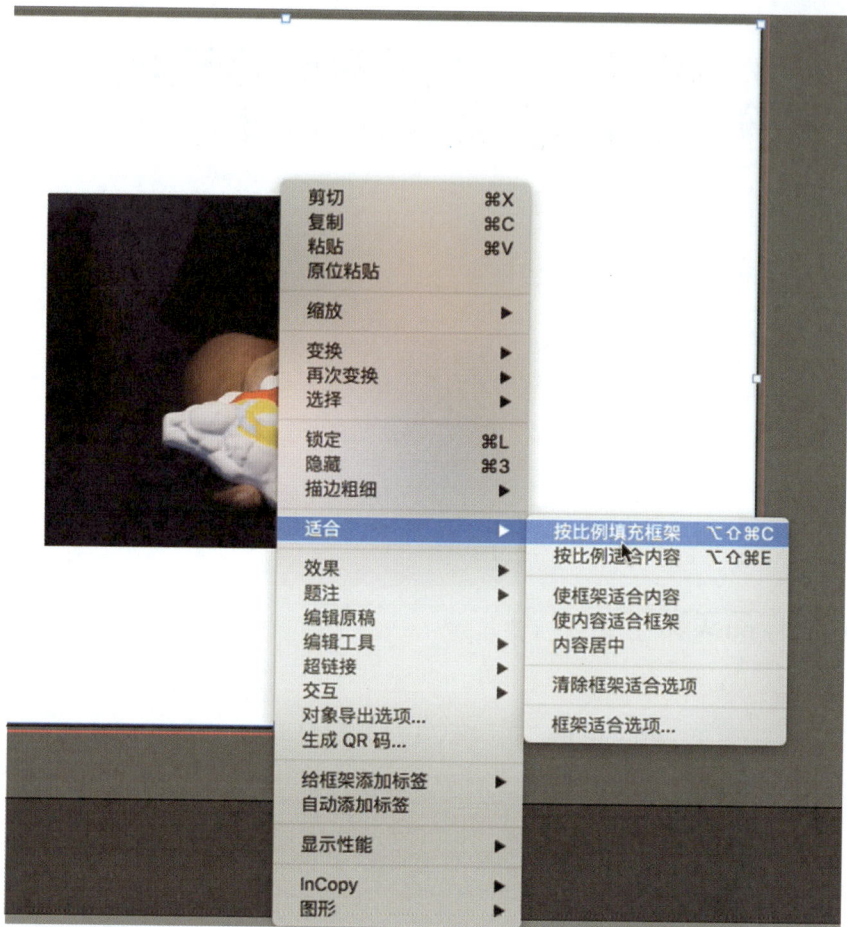

图5-35 图像调整

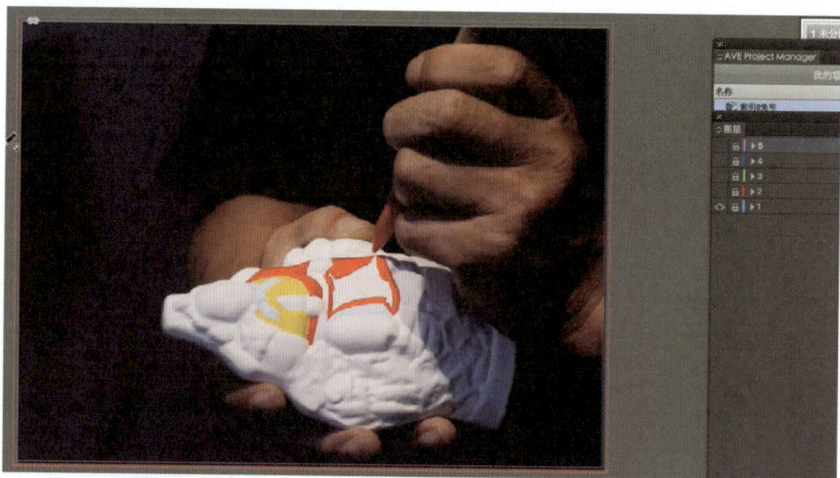

图5-36 图层顺序

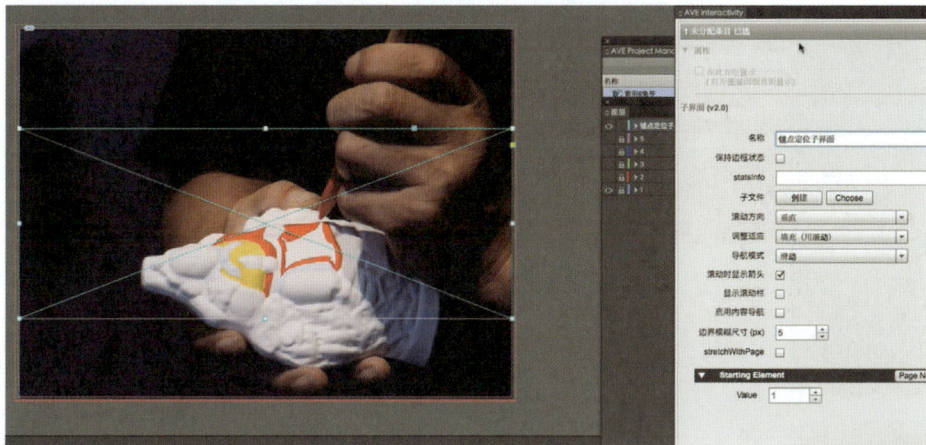

图5-37 创建子界面

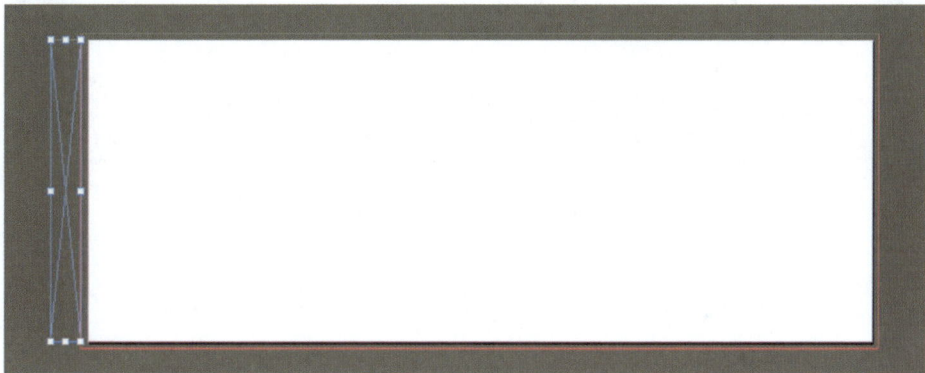

图5-38 绘制参考区域

设置",调整页面大小中的高度。高度根据文本版式确定后的全部展开高度确定高度数值,应比展开后的文本高度数值略高一些,根据实际文本排版需求再做进一步修改。

(6)在计划放置文本的区域绘制矩形,矩形应比参考线高度略小一些,填充色彩后调整矩形的透明度,使其处于半透明状态,这样在滑动的过程中可以看到底图。如图5-39所示。

(7)选择"文本工具",输入"工艺流程概括"的文本,根据版式要求调整字体、字号、字间距。整体调整红色背景与文本的位置,使两者位于矩形参考线的垂直居中位置。如图5-40所示。

(8)将红色矩形和文本整体选中,单击鼠标右键选择"原位粘贴",调

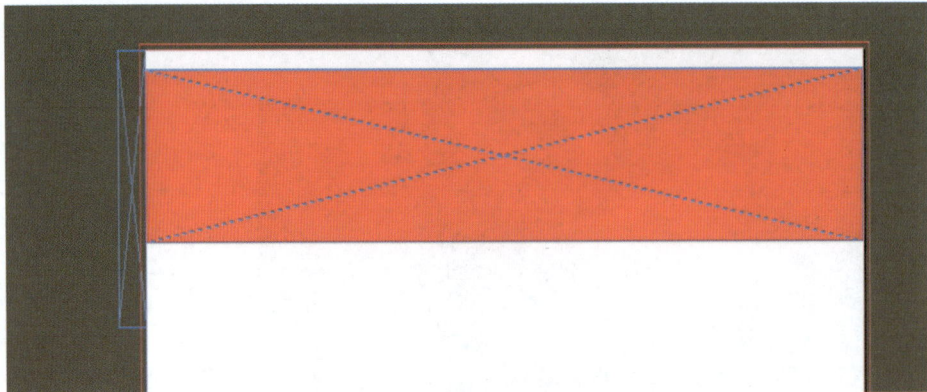

图5-39 绘制底色

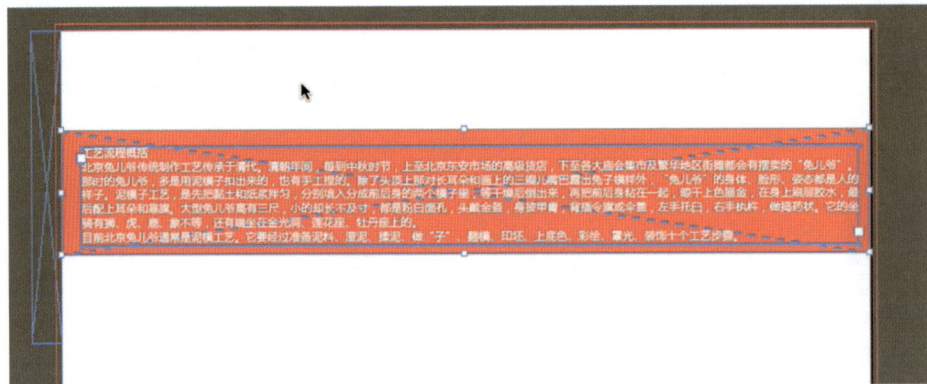

图5-40 输入文本

整红色背景的色彩，并保持一定的透明度。将文本变更为第二个流程"制模"的文本内容，文本的属性可与上一个流程保持一致。调整第一个流程背景图及文本与第二个流程背景图及文本之间的距离。保证其二者之间的间距大于或等于参考矩形的高度即可，可通过矩形参考线进行比对。如图5-41所示。

（9）用同样的方法将其他几个流程的文本粘贴到相应位置，根据排版需要进行文本下面背景色的变化及透明度的调整。同时注意两段文本之间的间距大于或等于参考矩形的高度。如图5-42所示。

（10）在"工艺流程概括"文本上方绘制矩形，选中矩形，在"AVE Interactivity"面板中选择"Anchor"，"命令"为"层"，"将要执行"选

图5-41 两段文本间的间距设置

择"变更可见性"。与当前文本对应的图层"可见性"选择"可见",其他的图层全部隐藏。如图5-43所示。此处也可以选择用添加一个脚本的方式完成。具体操作流程见5.3中脚本的应用。

（11）将当前加好命令的锚点复制，粘贴到本段文本的终点位置。每一段文本的起点位置和终点位置都有一致的Anchor设置。保存并关闭子界面，回到主页面更新链接。

（12）选择图层"1"，打开"页面"面板，选择"新建页面"。调整页面顺序将新建的页面调整到第一页。在新建的页面中绘制矩形，按【Control+d】键将背景图置入，单击鼠标右键选择"适合"→"按比例适合内容"。通过添加文本、调整背景透明度等方式将第一页版面排好。

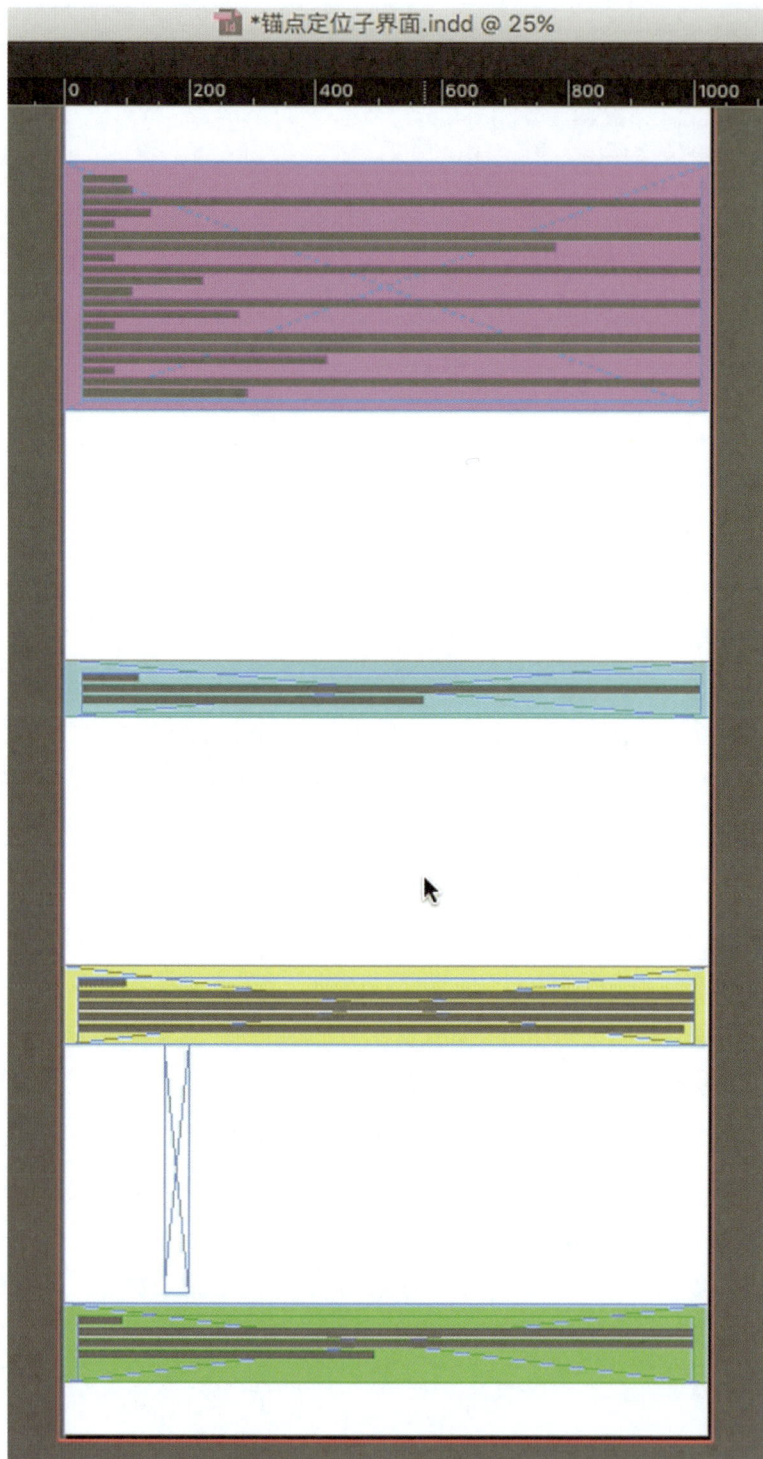

图5-42 设置文本间的间距

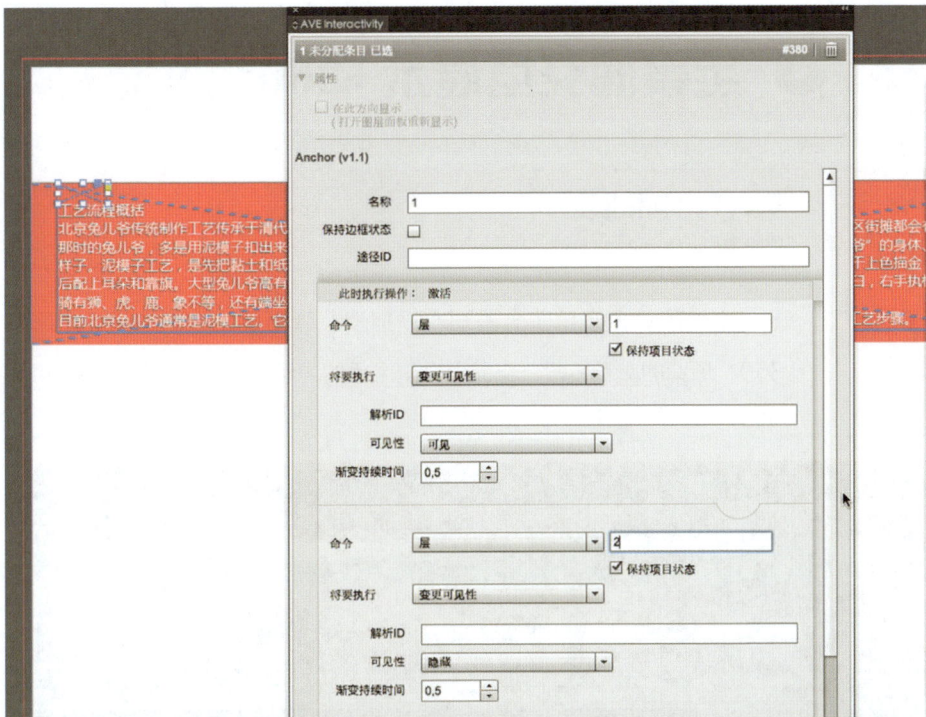

图5-43　设置"Anchor"

图5-44　选择"Go To Anchor"

（13）在第二个页面中绘制矩形，在"AVE Interactivity"面板中选择"Anchor"，名称为"流程"。回到第一个页面，选中文本，在"AVE Interactivity"面板中选择"按键"，"将要执行"选择"Go To Anchor"，名称为"流程"。如图5-44所示。点击第一页中的按钮可以实现跳转到目标页面。

5.5 全景图交互展示+360°浏览

5.5.1 作品描述

本作品综合应用了全景图水平拖拽、弹出窗口、动态图标、展品360°展览的交互手段。作品以泥塑展品的展示架为全景导航，拖动可实

图5-45 全景图交互展示+360°浏览案例效果

现展品的左右滑动，不能点击的展品色彩饱和度低，可以点击的展品色彩
饱和度相对较高，点击展品可以弹出该作品的内容介绍展示窗口，再次单
击窗口可回到主界面。界面中有动态图标，单击动态图标可以跳转到新的
页面，在新的页面可以实现展品的 360°浏览。如图 5-45 所示。

5.5.2 作品实现

（1）选择菜单"Aquafadas"中"AVE Project Manager"，单击左
下角加号创建新项目。方向：水平。在页面中绘制与页面等大的矩形，选
中矩形，在"AVE Interactivity"面板中选择"子界面"，滚动方式选择
"水平从左开始"。点击"创建"后存储文件。

（2）在子界面中绘制与页面等大的矩形，按【Control+d】键将背景
长图置入，调整背景图的大小，使背景图恢复原有的尺寸和比例。背景图
在画面中处于左对齐的状态。如图 5-46 所示。

图5-46 背景图左对齐

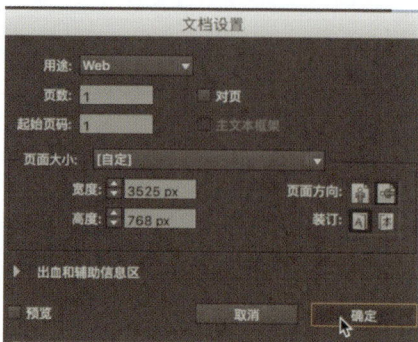

图5-47 设置全景图的宽度

（3）选择"文件"下的"文档设置"，调整"页面大小"中的"宽度"为全景图的宽度。如图5-47所示。

（4）调整全景图在子界面中水平方向的显示范围，使之全部显示。保存子界面，回到主界面，更新链接。调整主界面中全景图大小，同时设置为左对齐。测试后可以实现全景图水平方向的左右滑动浏览。如图5-48所示。

图5-48 全景图水平方向的左右滑动浏览

（5）进入子界面中，在目标弹出窗口的展品上绘制矩形，选中矩形，在"AVE Interactivity"面板中选择"按键"并创建，"命令"为"阅读器"，"将要执行"选择"显示弹出窗口"，"弹出窗口类型"为"情态"，如图5-49所示。编辑弹出窗口，选择"幻灯片"。（注意：PC版的InDesign软件，编辑弹出窗口选择"子界面"。）调整幻灯片的宽高比例，勾选"启用全屏"。在"内容"处将弹出窗口的素材图像导入，设置"自定义KenBurns"开始和结束的位置，绿色为开始的范围，红色为结束的范围，二者之间的范围在播放过程中形成动画，如图5-50所示。用同样的方法，复制粘贴按键，调整相关弹出窗口的图片，可以将长图中的其他按键热区添加相应的弹出窗口。

图5-49 创建按键

图5-50 设置"自定义KenBurns"

（6）动态图标可以用动画制作软件或视频制作软件做好动态效果后用导出序列图像的方法实现。打开Animate软件，新建文档，修改页面尺寸为200像素×200像素，背景色为浅蓝色。将动图"云纹"元素导入舞台中，在90帧处插入关键帧，选中1～90帧，单击鼠标右键选择"创建传统补间"，如图5-51所示。选中补间，在"属性"面板中选择"旋转"→"顺时针"旋转1周，即可完成云纹的旋转动效，如图5-52所示。

（7）测试动画后，选择"文件"下的"导出"→"导出影片"，格式为PNG序列图像。回到子界面中，在将要跳转的页面图标处绘制矩形，选中矩形，在"AVE Interactivity"面板中选择"动画图片"，单击"+"

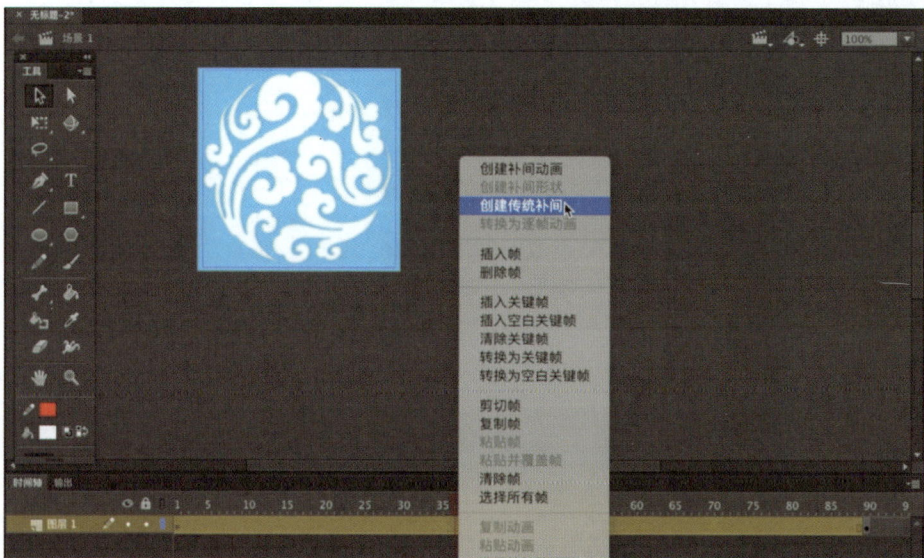

图5-51 创建传统补间

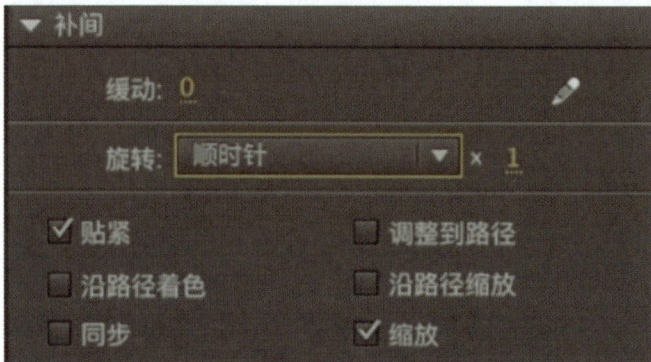

图5-52 顺时针旋转1周

将导出的PNG序列图像导入。勾选"无限循环"，动画类型选择"Auto-Animation"，如图5-53所示。

（8）保持子界面，回到主界面中，更新链接，在"页面"面板中新建页面。绘制矩形，按【Control+d】键将"抱鱼娃"背景图置入，在背景图上绘制矩形，矩形的大小依据360°展示图像的大小确定。选中矩形，在"AVE Interactivity"面板中选择"动画图片"，单击"+"将去背景后的展品序列图像导入。勾选"无限循环"，动画类型选择"AutoAnimation"。

（9）在本页面中绘制矩形，在"AVE Interactivity"面板中选择"Anchor"，名称为"360"。复制矩形至全景图页面，修改"Anchor"的名称为"主页"。在"360"页面的返回按钮处绘制椭圆，选中椭圆，在"AVE Interactivity"面板中选择"按键"，"将要执行"选择"Go To

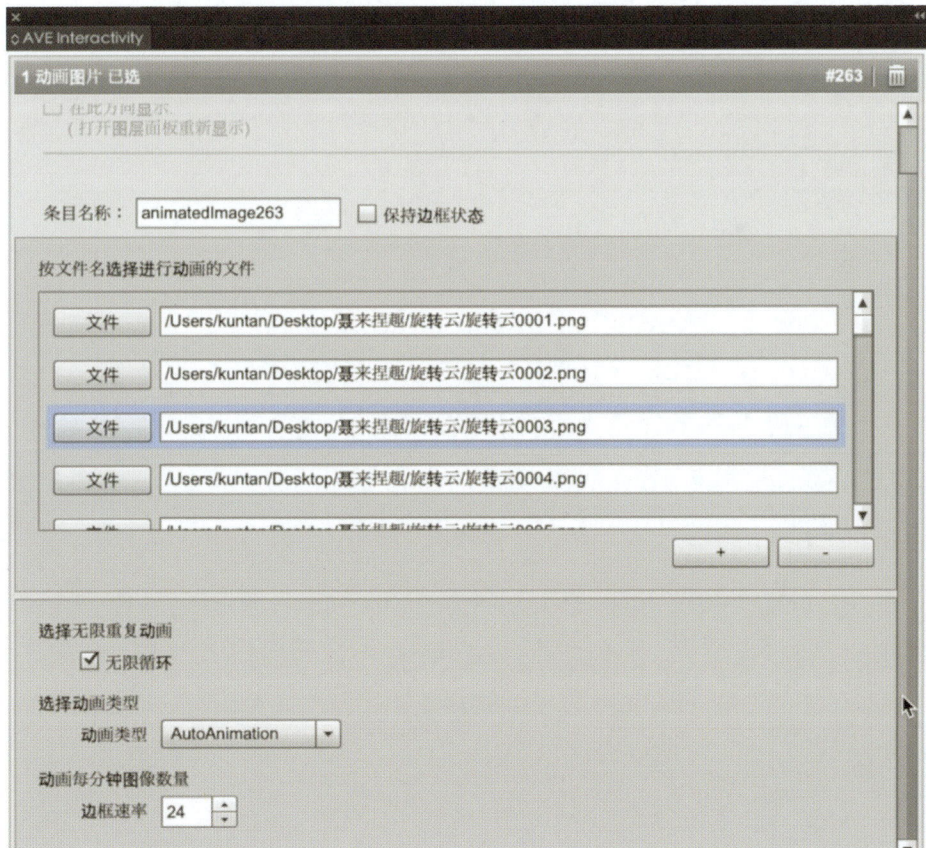

图5-53　动画图片设置

Anchor",名称设置为"主页",可实现单击按钮返回主页。回到子界面中,在动图上绘制矩形,选择矩形,在"AVE Interactivity"面板中选择"按键","将要执行"选择"Go To Anchor",名称设置为"360",可实现单击动态按钮至360°展示页面的跳转。

第6章
适合碎片化阅读的
H5 页面设计

H5是Html5的简称，Html全称为HyperText Mark-up Language，中文译为"超文本标记语言"。Html是一种创建网页的方式，是网页的开发端和接收端约定的如何标记标题、正文、图片、文字样式等页面内容的一整套规范。数字5则是指Html的第五次重大技术修改，其标准规范于2014年10月最终制定并在全球推行。H5页面是利用Html5的编码技术来实现的一种数字应用，其表现形式有游戏、广告、邀请函、测试页等。H5并不等同于Html5，H5不仅指代了利用Html5技术实现的web广告，还涵盖了Html5、CSS3、JavaScript等基于Html5相关技术的社交媒体互动广告应用"集合"。一个好的H5页面，就算受众知道它是一个广告，但是也会乐意和朋友去分享。H5场景很容易引发用户的阅读和分享兴趣，加之传播性极强，一个优秀的H5页面在很短时间内甚至可以达到数亿的曝光量。

H5页面具有跨平台的优势，用户无需下载，输入网址即可访问。H5页面综合了文本、图形图像、动画、视频、音频、虚拟现实等富媒体应用。H5提供了丰富的交互方式，不需要编码，按照开发工具中提供的信息，通过简单配置即可实现各种方式的交互。Mugeda开发平台以简单、方便、易操作、易掌握、功能强大等特点为不懂编程代码的设计师提供了技术基础。

6.1 预置动画实现幻灯播放型页面

6.1.1 作品描述

幻灯播放型H5页面由精美的图片、简单的翻页效果、打动人心的文案及音效组成。如常见的展讯活动邀请函、节日借势广告、新品发布会活动页等。此类型的页面设计往往通过精致的图文编排、温馨的音乐和幻灯播放的节奏给浏览者以深深的代入感。幻灯播放型H5页面中通常包含多个元素，动画是必不可少的元素之一。不同层次的元素进出页面要根据页面的设计来安排进入和退出的顺序，还需要设置不同的进出的方式、在页面中停留的时间及进出的节奏等。Mugeda的预置动画正好满足了这种类型的动画效果制作，通过预置动画的设置可以展现出具有动画效果的、生动的、有趣的作品。

6.1.2 作品实现

（1）创建作品：登录Mugeda账号，在"新建作品"处点击"H5（专业版编辑器）"进入一个新的操作页面。如图6-1所示。

图6-1 新建作品

（2）上传素材：点选"工具栏"中的"素材库"按钮，弹出"上传文件"对话框，打开素材文件，选择所要上传的图片，如图6-2所示。为方便素材归类，可以选择创建文件夹后上传。

（3）在图层0中导入背景图，在图层1中导入"云纹"，鼠标选中"选择"工具，点击舞台上"云纹"素材右侧"添加预置动画"按钮（红色圆圈按钮），弹出"添加预置动画"对话框，选择"移入"动画效果。动画方向设置为"从下"。如图6-3所示。

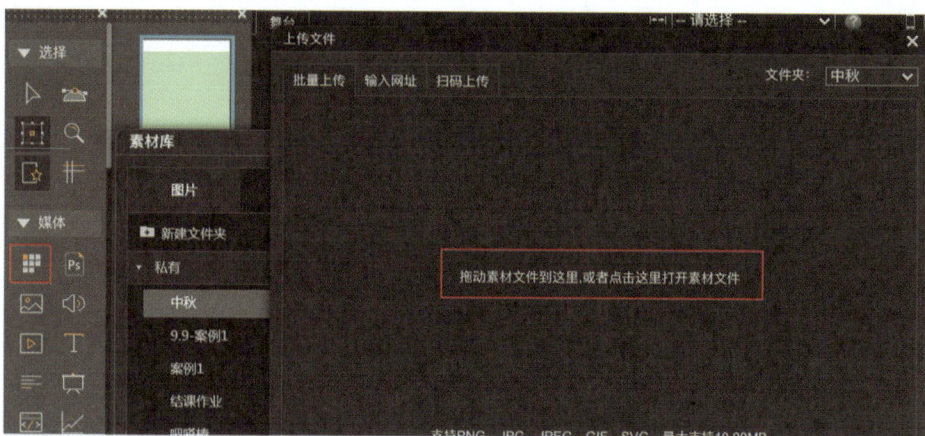

图6-2 上传素材

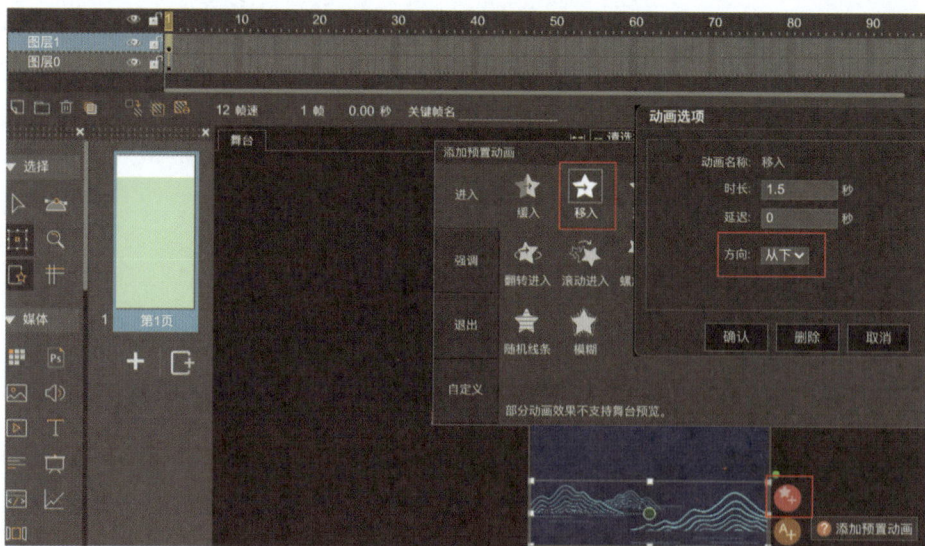

图6-3 添加"移入"预置动画

（4）在图层2中导入"月亮"，鼠标选中"选择"工具，点击舞台上"月亮"素材右侧"添加预置动画"按钮（红色圆圈按钮），弹出"添加预置动画"对话框，选择"放大进入"动画效果。如图6-4所示。

（5）在图层3中导入"中秋logo"，鼠标选中"选择"工具，点击舞台上"中秋logo"素材右侧"添加预置动画"按钮（红色圆圈按钮），弹出"添加预置动画"对话框，选择"滚动进入"动画效果。如图6-5所示。

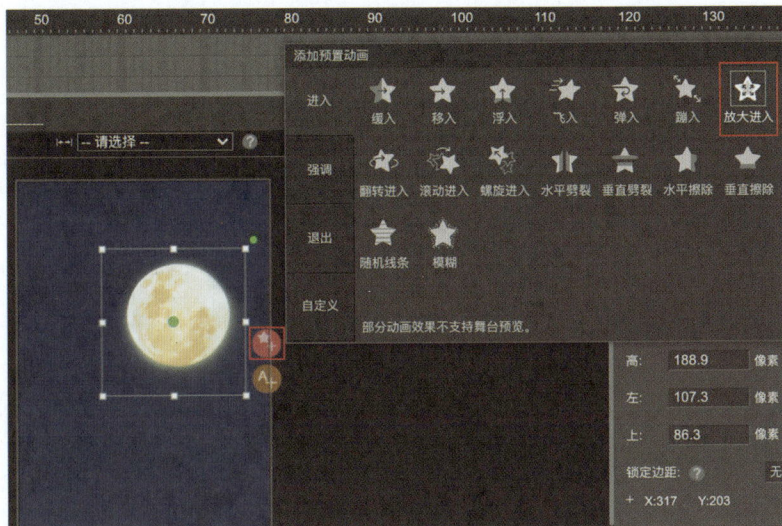

图6-4 添加"放大进入"预置动画

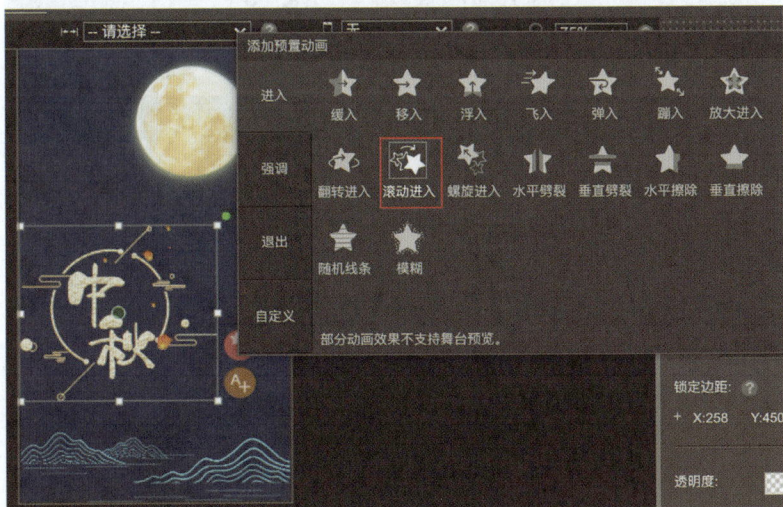

图6-5 添加"滚动进入"预置动画

（6）在图层 4 中导入 "兔爷"，根据版面要求调整其大小和位置，鼠标选中 "选择" 工具，点击舞台上 "兔爷" 素材右边 "添加预置动画" 按钮(红色圆圈按钮)，弹出 "添加预置动画" 对话框，选择 "飞入" 动画效果，方向选择 "从右"。如图 6-6 所示。

（7）在图层 5 中导入 "花卉"，根据版面要求选择 "变形" 工具调整其大小、位置和方向，鼠标选中 "选择" 工具，点击舞台上 "花卉" 素材右侧 "添加预置动画" 按钮(红色圆圈按钮)，弹出 "添加预置动画" 对话框，选择 "缓入" 动画效果。如图 6-7 所示。

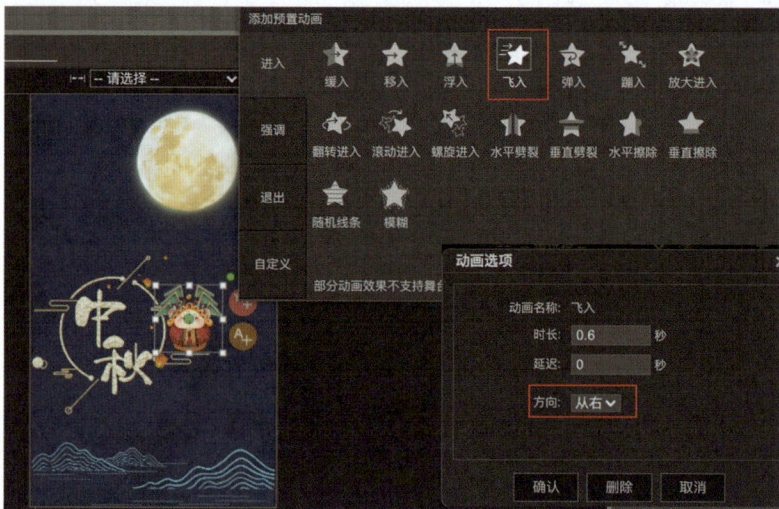

图 6-6 添加 "飞入" 预置动画

图 6-7 添加 "缓入" 预置动画

（8）设置预置动画的延迟时间来控制页面中元素的出场顺序。选中图层3中的"中秋logo"素材右侧的"编辑预置动画"按钮（蓝色圆圈按钮），在弹出的"动画选项"对话框中，调整动画属性：延迟0.5秒。如图6-8所示。

（9）同理，分别调整"兔爷""月亮""花卉"等其他素材的预置动画属性，延迟递增0.5秒，可实现不同图层的素材先后进入页面中的时间。（注意：预置动画是Mugeda根据大众需求在自己的框架里设置好的动画效果，这些动画效果同样也可使用关键帧来实现，但二者不可同时出现。）

（10）在时间轴上制作关键帧动画：选中所有图层，在第30帧处，单击鼠标右键选择"插入帧"，如图6-9所示。选中图层1～图层5，在第30帧处，单击鼠标右键选择"插入关键帧"，如图6-10所示。

（11）删除预置动画：选中图层1～图层5的物体，点击右侧的"编辑预置动画"按钮，在弹出的"动画选项"对话框内选择"删除"按钮，删除该元素预置动画效果。删除预置动画后的时间轴状态，如图6-11所示。

（12）选中所有图层，在第40帧处，单击鼠标右键选择"插入帧"，选中图层1～图层5，在第40帧处，单击鼠标右键选择"插入关键帧动画"，如图6-12所示。

图6-8 设置预置动画的延迟时间

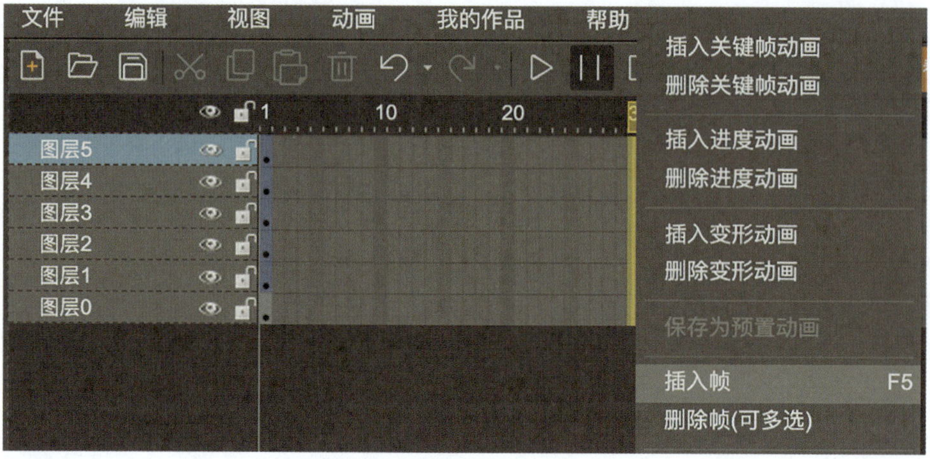

图6-9　插入帧

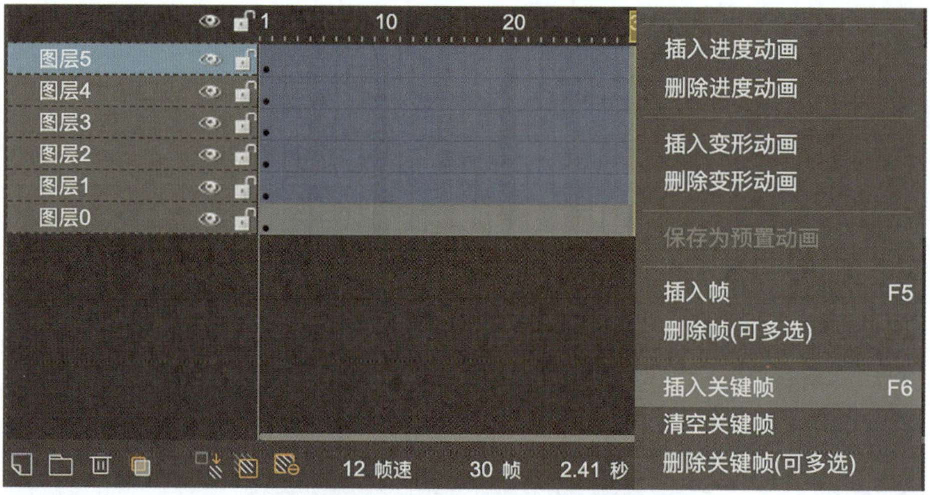

图6-10　插入关键帧

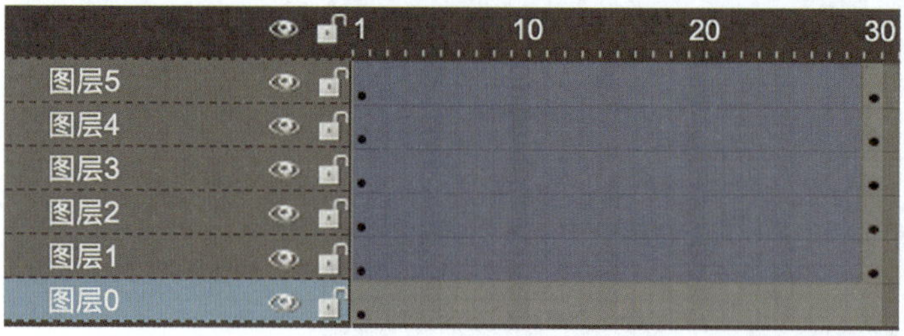

图6-11　删除预置动画

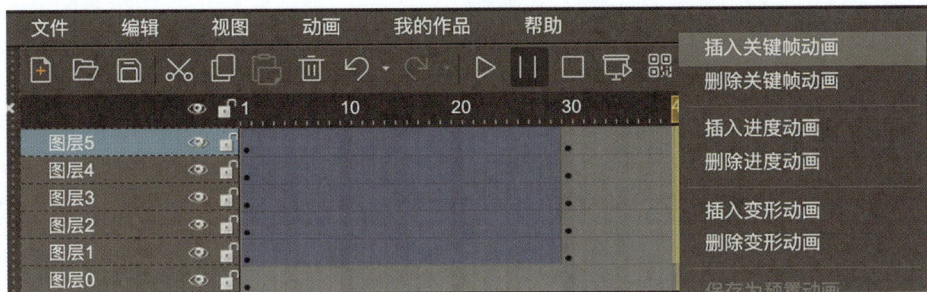

图6-12 插入关键帧动画

（13）调整图层1~图层5的物体在第40帧处的大小和位置，如图6-13所示。测试后可实现第30~40帧物体位置的变化效果。

（14）新建图层6，在第40帧处单击鼠标右键选择"插入关键帧"，选择"文本"工具输入文案。选中文本，在右侧属性面板调整文本的字体、字号、字间距和色彩等内容。同时为文本添加预置动画。点击舞台上"文本"素材右侧"添加预置动画"按钮（红色圆圈按钮），弹出"添加预置动画"对话框，选择"打字机"动画效果。可以实现第40帧的文本依次出现的效果。

预置动画能为元素添加动态效果，进而起到信息的强调和引导作用，但也并非所有元素都需要添加预置动画，需要根据页面的动态元素设计要求，选择合适的预置动画效果，把握动画节奏，这样才能使幻灯播放型的H5页面设计更吸睛。

图6-13 物体位置的变化效果

第 1 章 拇指时代的阅读与 "非遗" 数字传播

第 2 章 别出心裁的策划创意

第 3 章 界面设计中的多维策略

第 4 章 营造沉浸式的交互体验

6.2 遮罩动画实现细节展示型页面

6.2.1 作品描述

细节展示型 H5 页面聚焦于展品细节介绍，运用 H5 的互动技术优势能最大化地展示展品特性，通过细节直观地展示产品造型、功能、设计理念。本案例采用水平滑动对比泥塑叫虎的线框纹饰和写实图案的交互方式展示泥塑的纹饰和造型细节。

遮罩动画的基本原理是 "被遮即可见"。遮罩层显示动画的外形，不管本层有多少内容，设置为遮罩层后只显示本层的轮廓形状；被遮罩层显示动画的填充内容，如图 6-14 所示。遮罩层的原理很简单，仅仅是为了实现 "被遮即可见" 的静态效果意义是不大的，遮罩与动画结合到一起可以实现一些有意思的创意。

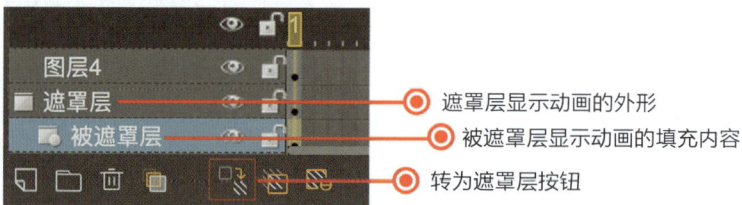

图6-14　遮罩层与被遮罩层

6.2.2 作品实现

（1）创建作品：登录 Mugeda 账号，在 "新建作品" 处点击 "H5（专业版编辑器）" 进入一个新的操作页面。在右侧属性面板中将作品尺寸修改为 "横屏"。如图 6-15 所示。

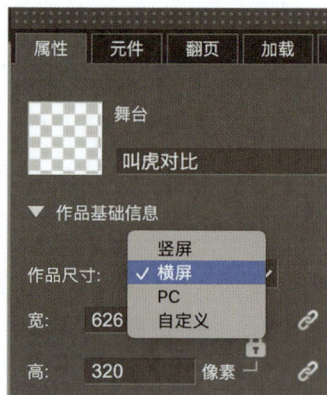

图6-15　将作品尺寸修改为 "横屏"

（2）导入素材：在"工具栏"中选择"素材库"按钮，弹出"上传文件"对话框，打开素材文件，选择"聂来捏趣"背景图导入，放在图层1。新建图层2，将"墨滴"图像导入。

（3）选中所有图层，在第30帧处，单击鼠标右键选择"插入帧"，如图6-16所示。选中图层2，在第30帧处，单击鼠标右键选择"插入关键帧动画"，如图6-17所示。

（4）设置图层2关键帧动画首尾帧的墨滴大小，选择"变形"工

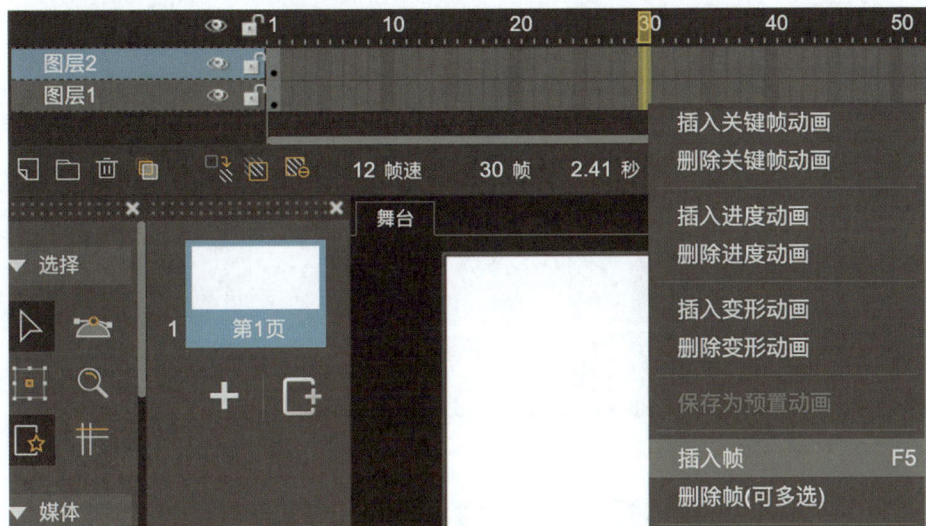

图6-16 插入帧

图6-17 插入关键帧动画

具，将第1帧的墨滴缩小，如图6-18所示。将第30帧的墨滴以同心圆为中心等比例放大，如图6-19所示。放大缩小时需要按住【Shift+Control】键。

图6-18　将第1帧的墨滴缩小

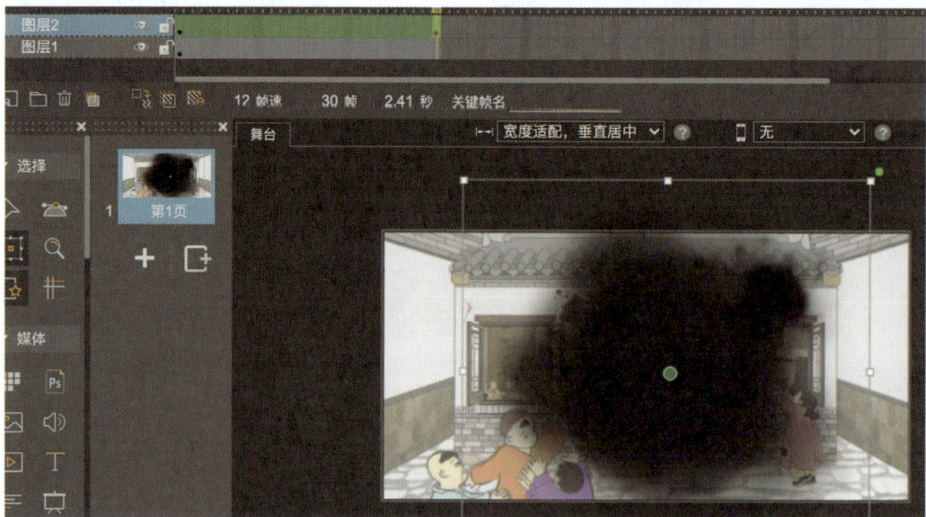

图6-19　将第30帧的墨滴以同心圆为中心等比例放大

（5）选中图层2，单击"转换为遮罩层"按钮，将图层2转为遮罩层，如图6-20所示。可实现图层1的背景图慢慢由墨滴状放大的效果，如图6-21所示。

（6）单击第1页下方的"+"添加新页面，如图6-22所示。

图6-20 转换为遮罩层

图6-21 背景图慢慢由墨滴状放大

图6-22 添加新页面

（7）选择右侧"元件"面板，单击左下角"新建"按钮，新建一个元件，在元件中添加素材，选择叫虎线框图所在文件夹。勾选"全选"按钮，"每页素材数目"在下拉菜单中选择"55"，勾选"以序列帧形式添加"，如图6-23所示。用同样的方法添加其他元件，将叫虎彩绘图作为序列帧导入。

（8）回到舞台，在第2页图层1中置入叫虎背景图像，新建图层2，将元件库中的叫虎线框图元件拖拽至舞台。拖拽元件的图标即可完成拖拽动作。如图6-24所示。

（9）新建图层3，选择"矩形"工具绘制矩形，矩形的宽高为626×320，"左"和"上"坐标均为"0"。如图6-25所示。

（10）新建图层4，选择"矩形"工具绘制矩形，矩形的宽高为1252×320，"左"和"上"坐标及透明度均设置为"0"。如图6-26所示。

（11）选中图层4的矩形，在属性面板的"图形"中命名为"拖拽"，拖动类型选择"水平拖动"。如图6-27所示。

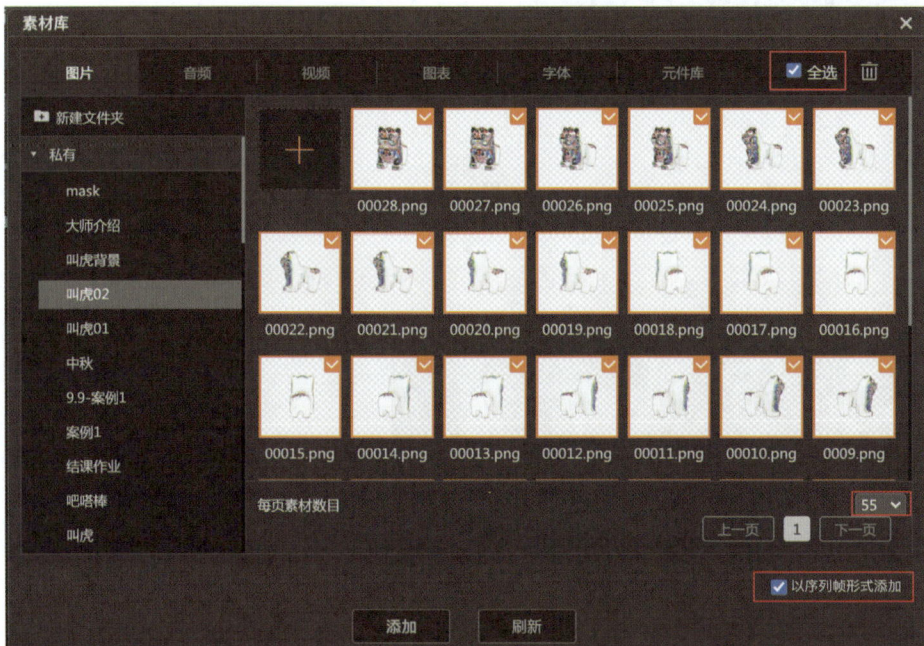

图6-23 作为序列帧导入

图6-24 将元件拖拽至舞台

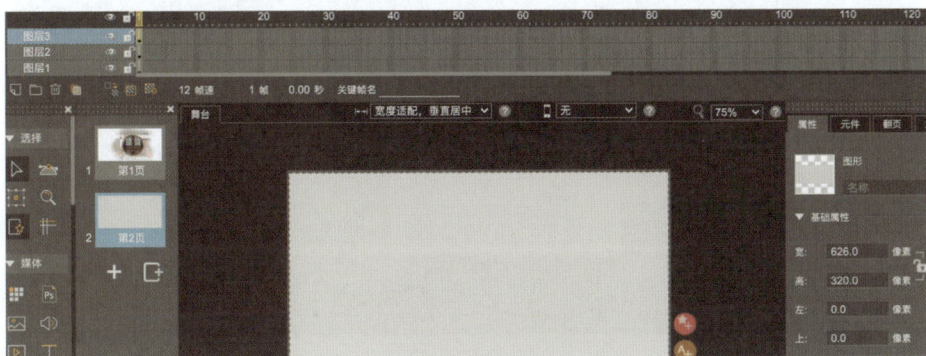

图6-25 绘制矩形

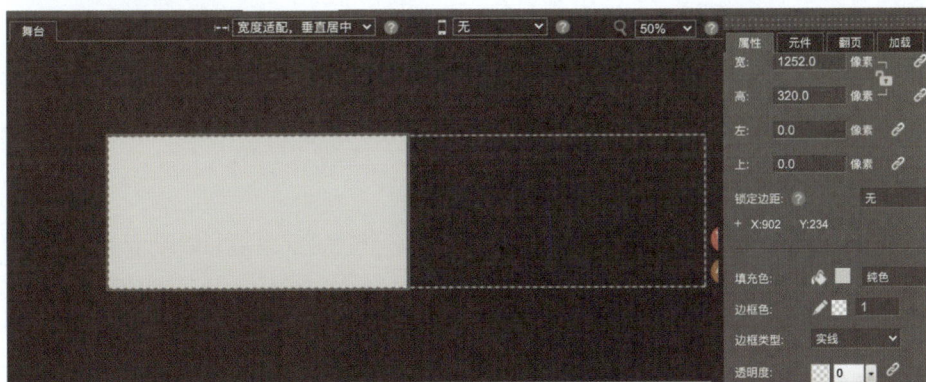

图6-26 绘制透明矩形

图 6-27　设置水平拖动

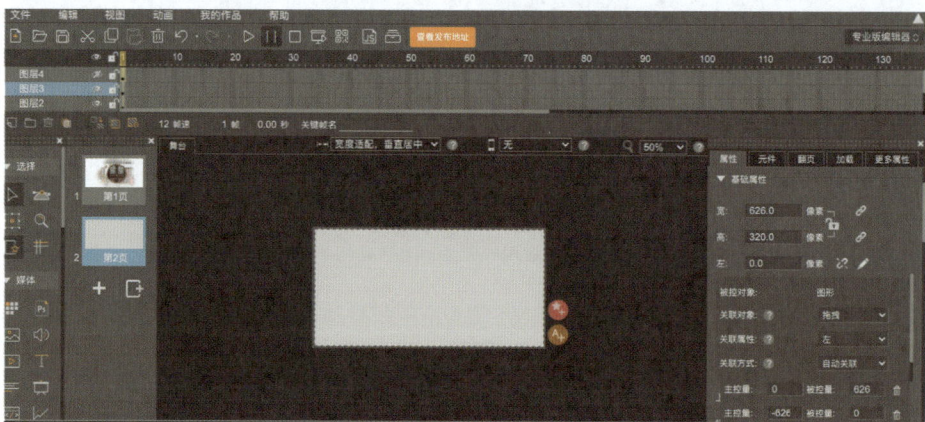

图 6-28　设置关联

　　（12）回到图层3，选中矩形，在右侧属性面板中对左坐标处进行关联，"关联对象"选择"拖拽"，关联属性选择"左"，关联方式选择"自动关联"，分别添加两个主控量和被控量。如图6-28所示。拖动类型选择"水平拖动"，并将图层3转为遮罩层。

　　（13）在图层2上新建图层5，将元件库中的叫虎彩绘图元件拖拽至舞台。通过调整属性面板的"宽""高"值，让图层2、图层5中的元件大小一致。通过调整属性面板的"左""上"值，让图层2、图层5中的元件对齐。此时的遮罩设置可以实现拖动叫虎线框图与彩绘图在旋转过程中的对比。如图6-29所示。

图6-29 线框图与彩绘图在旋转过程中的对比效果

6.3 全景图实现场景体验型页面

6.3.1 作品描述

　　场景体验型H5页面的主要任务是"唤醒"与"点燃"。H5页面利用交互技术营造沉浸式的交互体验场景，让消费者置身于虚拟场景中获得体验，H5页面中融入场景可令用户借助熟悉的场景、经验和行为来理解和接受信息，进而主动传播信息，是激励受众转发、传播信息的重要手段。本案例采用长图水平拖拽的交互手段，长图的界面设计采用了折页式设计，营造了一个展开的纸质折页的效果，通过点击界面中大师的头像可以弹出大师的文字介绍和作品。背景设置了拖动关联，拖动的位置与点击后弹出窗口的背景位置是一致的。

6.3.2 作品实现

　　（1）创建作品：登录Mugeda账号，在"新建作品"处点击"H5（专业版编辑器）"进入一个新的操作页面。

（2）导入素材：在"工具栏"中选择"素材库"按钮，弹出"上传文件"对话框，打开素材文件，选择"全景图"背景图导入，选中图片，在右侧属性面板修改高度为"626.0"，"左"和"上"坐标修改为"0.0"，如图6-30所示。

（3）选中"椭圆"工具，按【Shift】键在大师头像处绘制圆形。在右侧属性面板中修改圆形的透明度为"0"。单击图层0的第1帧，同时选中背景图和透明圆形，单击鼠标右键，选择"组"→"组合"，如图6-31所示，可实现背景图和透明圆形的组合。选中组合，在右侧属性面板中设置拖动为"水平拖动"。

图6-30 导入"全景图"背景图

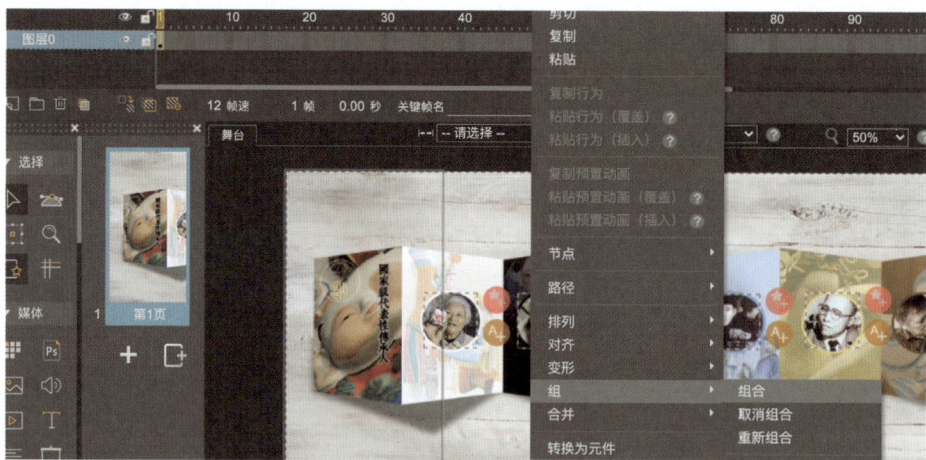

图6-31 将背景图与透明圆形按钮编组

（4）单击第1页右侧的"复制页面"按钮，如图6-32所示。可以将第1页面复制到第2页，在右侧属性面板中取消"水平拖动"。

（5）在第2页中新建图层1，选择"矩形"工具绘制宽高为320像素×626像素的矩形，矩形设置为黑色，透明度设置为"60"。如图6-33所示。

（6）新建图层2，在"工具栏"中选择"素材库"按钮，弹出"上传文件"对话框，打开素材文件，选择"弹出窗口"导入，在右侧属性面板中将透明度设置为"80"。

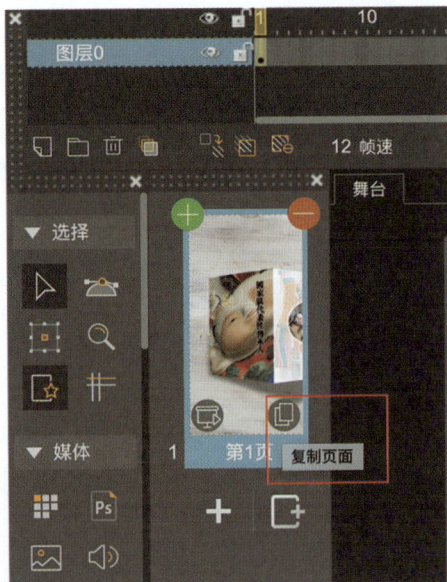

图6-32 复制页面

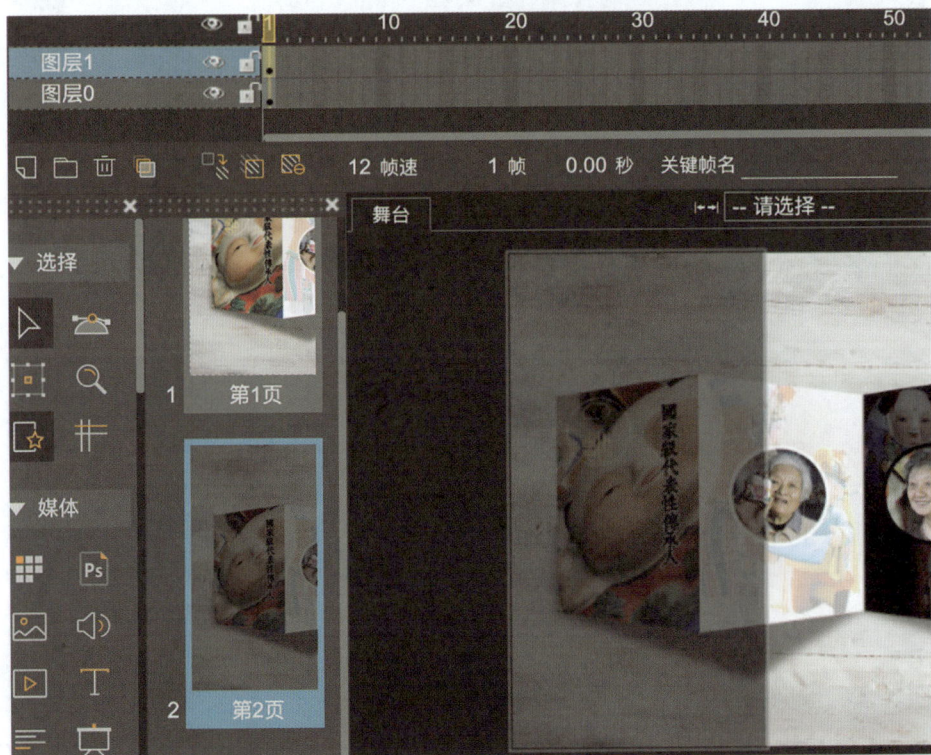

图6-33 绘制半透明黑色矩形

第1章

拇指时代的阅读与「非遗」数字传播

第2章

别出心裁的策划创意

第3章

界面设计中的多维策略

第4章

营造沉浸式的交互体验

（7）新建图层3，选择"工具栏"中的"文本"工具，将大师喻湘涟的文本信息粘贴，在右侧属性面板中调整其字体、字号、字间距、字体颜色。如图6-34所示。

（8）新建图层4，导入喻湘涟代表作图片；新建图层5，在关闭按钮上绘制透明圆形。

（9）回到第1页，双击打开长图拖动组，选中喻湘涟大师透明按钮，在按钮右边的"添加行为"按钮（红色圆圈按钮），单击选择添加"下一页"行为，"触发条件"为"点击"。如图6-35所示。

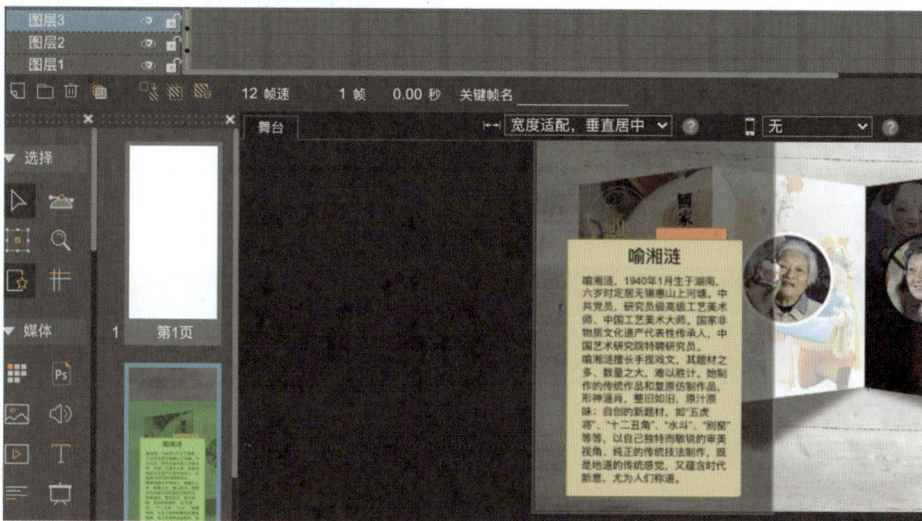

图6-34 设置文本属性

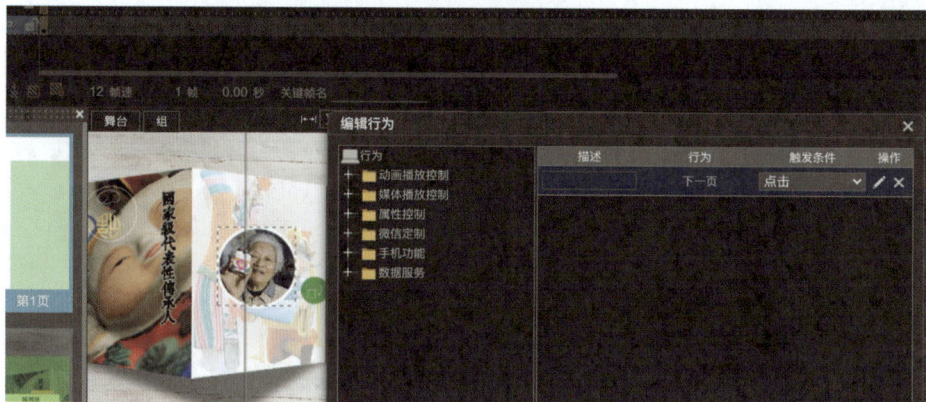

图6-35 添加"下一页"行为

（10）回到舞台，选择长图拖动组，在右侧属性面板中为组命名为"背景"。选择第2页中的图层0中的长图拖动组，在右侧属性面板中选择左坐标，单击"关联"按钮进行编辑，"关联对象"为"背景"，"关联属性"为"左"，"关联方式"为"自动关联"，可实现第1页中长图拖动至结束位置点击按钮即可跳转到第2页中的背景一致位置，如图6-36所示。

（11）为第2页中的关闭按钮添加行为。选中关闭按钮上的透明热区，在按钮右边的"添加行为"按钮(红色圆圈按钮)，单击选择添加"上一页"行为，"触发条件"为"点击"。

（12）复制页面，修改大师的文字和作品信息，可完成其他大师页面内容的制作。修改第1页中大师所在的按键行为即可完成拖拽过程中的跳转。

图6-36 设置关联

6.4 360° 拖拽实现沉浸体验型页面

6.4.1 作品描述

"非遗"作品的制作技艺、纹饰、色彩是最打动观众的元素，而传统的书籍画册和平面图像在展示效果方面存在局限性。作为一种最接近于实物的展示方式，三维虚拟交互式展示能清楚看到民间美术作品各个角度的形态以及各部分细节，达到如见实物、身临其境之感。用户通过手指旋转观察展品细节，如同沉浸在现场把玩、欣赏"非遗"作品。三维沉浸式体验可以更直观地了解"非遗"作品的全方位结构，弥补了图像展示中角度的限制。本案例通过连续拍摄展品序列图像，实现自动旋转浏览或拖拽旋转浏览。

6.4.2　作品实现

（1）创建作品：登录 Mugeda 账号，在"新建作品"处点击"H5（专业版编辑器）"进入一个新的操作页面。

（2）导入素材：在"工具栏"中选择"素材库"按钮，弹出"上传文件"对话框，打开素材文件，选择"背景图"导入。

（3）导入序列图像。选择右侧"元件"面板，单击左下角"新建"按钮，新建一个元件，在元件中添加素材，选择泥人张序列图像所在的文件夹。勾选"全选"按钮，"每页素材数目"在下拉菜单中选择"55"，勾选"以序列帧形式添加"。

（4）回到舞台，新建图层1，将元件库中泥人张序列图像元件拖拽至舞台。拖拽元件的图标即可完成拖拽动作。选择"工具栏"中的"变形"工具调整元件大小和位置。如图6-37所示。

（5）新建图层2，选择"工具栏"中的"直线"工具绘制滑杆，"边框类型"选择"实线"，边框色按住【Alt】键可以用"吸管"工具吸取背景色中的颜色。如图6-38所示。

（6）新建图层3，选择"工具栏"中的"椭圆"工具绘制滑块，"边框类型"选择"实线"，边框色按住【Alt】键可以用"吸管"工具吸取背景色中的颜色，滑块位置为左对齐。如图6-39所示。

（7）选中椭圆，在右侧属性面板中命名元件为"拖动"，拖动方式选择"水平拖动"。如图6-40所示。

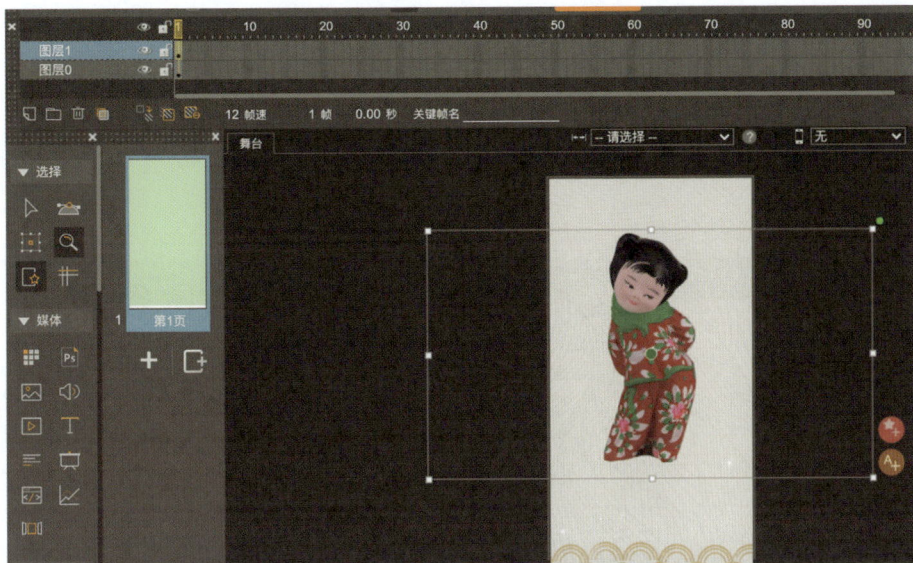

图6-37 调整元件大小和位置

图6-38 按住【Alt】键用吸管工具
吸取背景色中的颜色

图6-39 滑块位置为左对齐

（8）设置动画关联：选中图层3元件，在右侧面板 "专有属性" 选择 "启用" 动画关联。"关联对象" 为 "拖动"，"关联属性" 为 "左"，"开始值" 为 "0"，"结束值" 为 "320"，"播放模式" 为 "同步"，即可实现拖动滑块播放展品不同角度的交互。如图6-41所示。

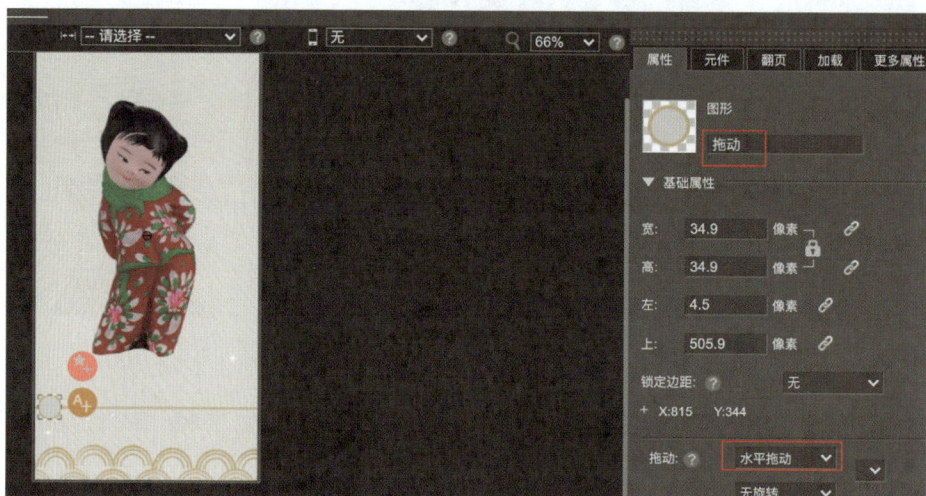

图6-40 设置滑块 "水平拖动"

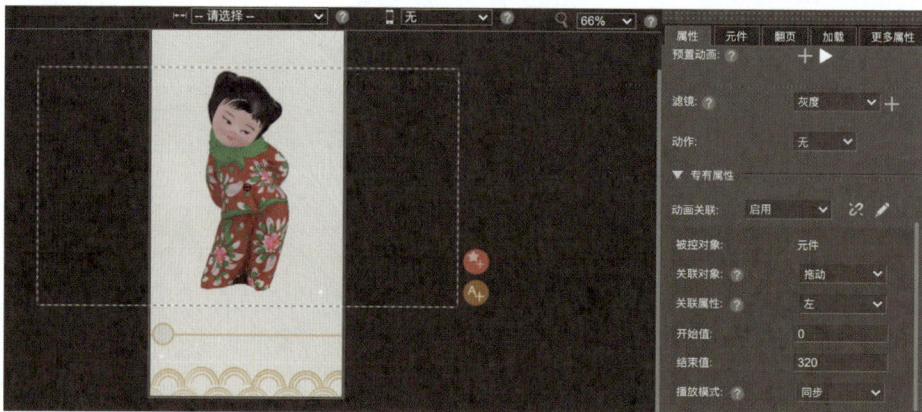

图6-41 设置动画关联

6.5 改变元素属性实现交互游戏型页面

6.5.1 作品描述

有参与感、吸引力、成就感的游戏能促使浏览者对H5页面信息自发关注、主动参与及乐于分享。游戏式H5页面容易增加用户的沉浸感，因游戏过程中的专注力提升对内容的关注度。同时游戏式H5页面关怀用户的个体自由，容易让受众感受到自己对活动的掌控，而乐于进行游戏环节的探索和挑战。本案例为垃圾分类H5小游戏，用小猪能不能吃来教你进行垃圾分类。拖动不同垃圾到小猪身上，根据垃圾的不同，小猪会有不同形式的变化，有不高兴的、有比心的、有难过的……找到6个以上可回收垃圾可获得垃圾分类大师称号。

6.5.2 作品实现

（1）创建作品：登录Mugeda账号，在"新建作品"处点击"H5（专业版编辑器）"进入一个新的操作页面。

（2）导入素材：将图层1命名为"背景"，在"工具栏"中选择"素材库"按钮，弹出"上传文件"对话框，打开素材文件，选择"背景图"导入。

（3）新建图层2，将图层名称修改为"猪"，将猪的第一个状态导入，在第二帧单击鼠标右键，选择"插入帧"→"插入关键帧"，选择右侧属性面板的"替换"，可替换为相应图像。如图6-42所示。依次插入6个关键帧，将猪的6种不同状态图像分别放置在第1~6帧上。

（4）为关键帧命名：依次选中"猪"图层的第2~5帧，将"关键帧名"依次命名为"其他垃圾""厨余垃圾""可回收垃圾"和"有害垃圾"。如图6-43所示。

图6-42 将猪的6种不同状态图像分别放置在第1～6帧上

图6-43 为关键帧命名

（5）添加音效：新建音效图层，依次在第2～5帧插入关键帧，将小猪不同状态的声音分别放置在不同关键帧上。

（6）新建图层，将图层名称修改为"垃圾"，置入24种垃圾图像，根据排版需要调整垃圾的大小和位置，如图6-44所示。选中垃圾图像，在右侧"图像"处设置图像名称。

（7）选择"控件"工具中的"拖放容器"，如图6-45所示，在小猪上绘制一个拖放容器。选中拖放容器，添加行为"跳转到帧并停止"，"触发条件"为"拖动物体放下"。根据垃圾的分类跳转到相应的关键帧，选择帧名称，"作用对象"为"舞台"，拖动物体名称为对应的垃圾图像命名，依次添加24个行为，分别根据不同垃圾的分类修改设置。如图6-46所示。

（8）点击舞台上"垃圾"素材右侧"添加预置动画"按钮（红色圆圈按钮），弹出"添加预置动画"对话框，选择"颤抖"动画效果。时长1.5

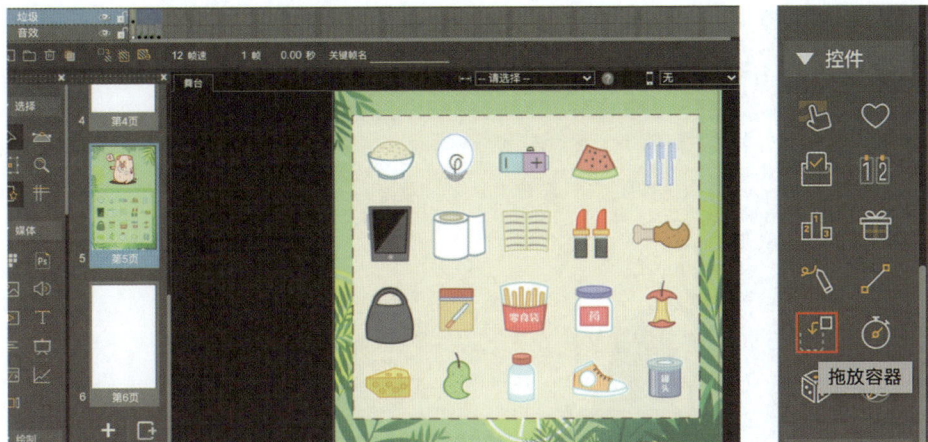

图6-44 置入垃圾图像并设置名称

图6-45 选择"拖放容器"

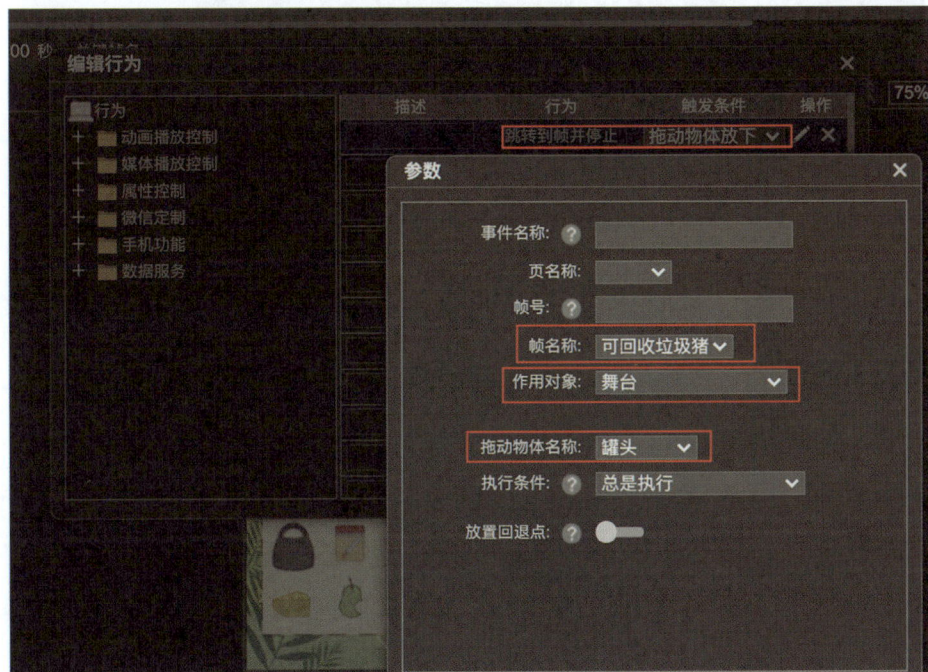

图6-46 为拖放容器添加行为

秒，延迟1秒，如图6-47所示。点击舞台上"垃圾"素材右边的"添加行为"按钮(红色圆圈按钮)，单击选择添加"播放声音"行为，"触发条件"为"手指按下"，声音元件选择相应声音元素，如图6-48所示。

（9）新建图层，修改图层名称为"文字"，输入文本"把垃圾拖拽到

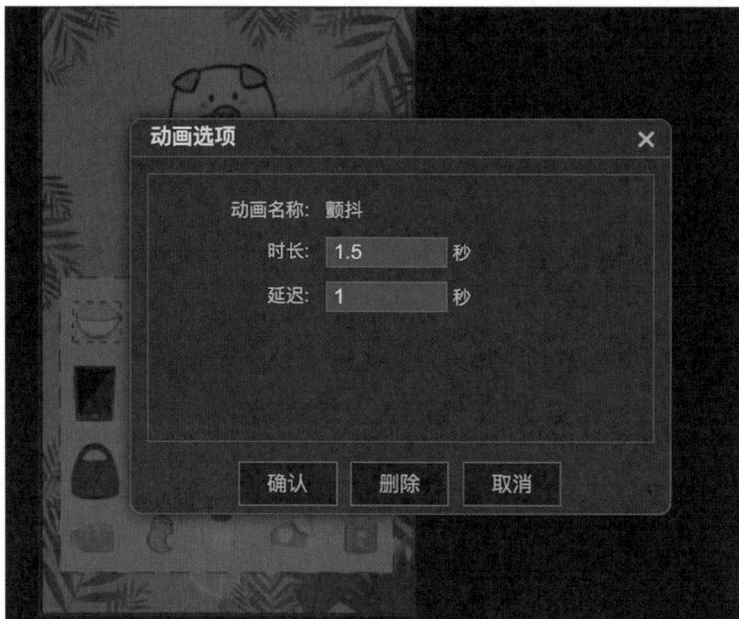

图 6-47　添加 "颤抖" 预置动画

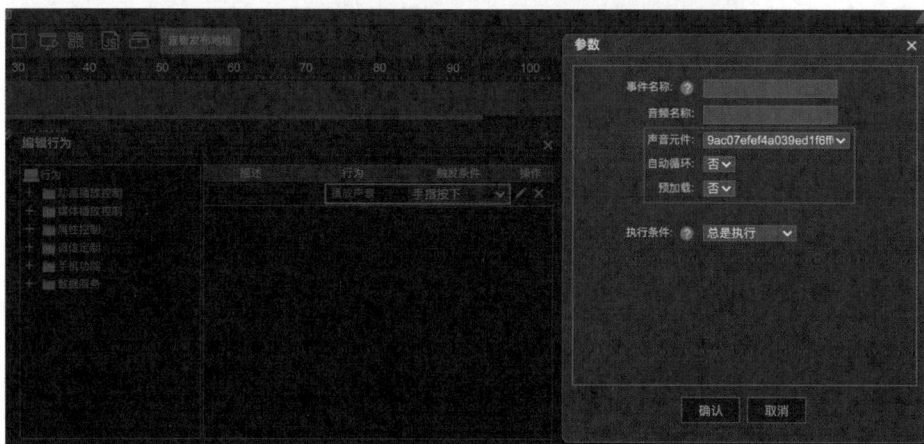

图 6-48　添加 "播放声音" 行为

小猪身上试试"，根据排版需求，调整文本文字及字体字号。

（10）新建图层，修改图层名称为 "暂停"。在本图层的场景外绘制矩形，在矩形右边的 "添加行为" 按钮（红色圆圈按钮），单击选择添加 "暂停" 和 "禁止翻页" 行为，"触发条件" 为 "出现"。如图 6-49 所示。

（11）新建文本图层，应用 "文本" 工具输入两行文本："共有 6 个" 和 "已找到 000 个"，其中 "000" 为变量，选中 "000"，在属性面板将

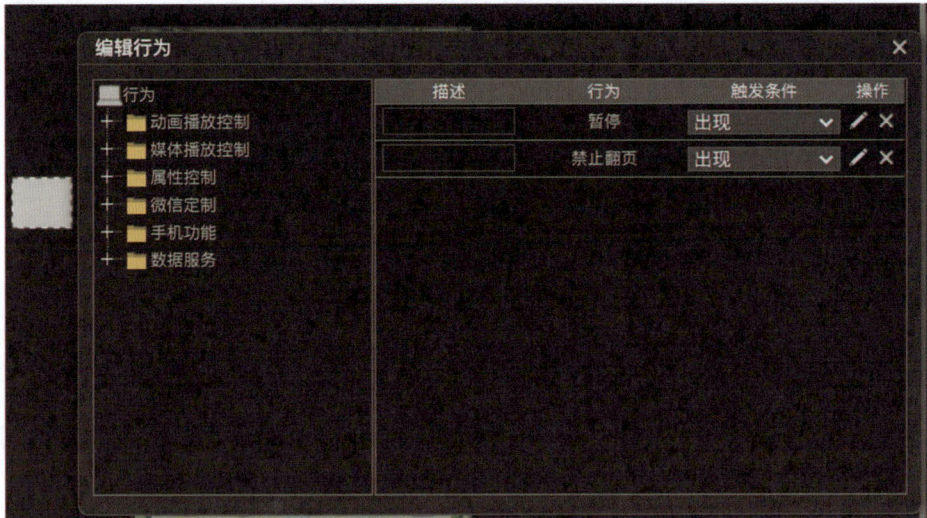

图6-49 添加"暂停"和"禁止翻页"行为

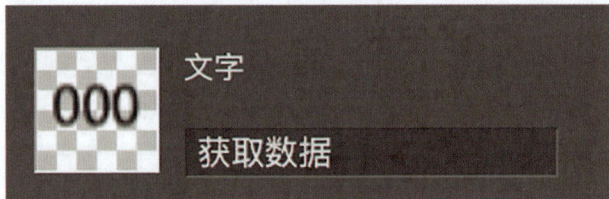

图6-50 将文字命名为"获取数据"

文字命名为"获取数据"。如图6-50所示。

（12）选中"可回收垃圾"，在右边的"添加行为"按钮（红色圆圈按钮），单击选择添加"属性控制"→"改变元素属性"行为，"触发条件"为"拖动物体放下"。编辑动作设置参数："元素名称"选择"获取数据"、"元素属性"选择"文本或取值"、"赋值方式"选择"在现有值基础增加"、"取值"为"1"。如图6-51所示。

（13）新建页面，导入"游戏成功"页面背景。回到上一页，选中"000"，在右侧的"添加行为"按钮（红色圆圈按钮），单击选择添加"跳转到页"行为，"触发条件"为"属性改变"。编辑动作设置参数："页名称"选择"第6页"（游戏成功页面）、"翻页方式"选择"平移"、"翻页方向"选择"上下翻页"、"执行条件"选择"检查元素状态""获取数据""文本或取值""大于等于"和"6"。如图6-52所示。

图6-51 设置 "改变元素属性" 行为

图6-52 设置 "跳转到页" 行为

第7章
指阅读下的
"非遗"数字传播设计项目

7.1 "潍坊风筝" App 设计项目

7.1.1 项目描述

    App 的蓬勃发展为中国民族文化的传承和传播提供了新的思路，传播中国民族文化的 App 的开发和推广，一方面有助于民族文化的传承和传播，另一方面，民族文化赋予 App 的本土性和独特性也有助于提升中国 App 行业在世界市场的竞争力。"民艺撷英"是一款传播民间技艺的交互式移动应用。它收录了石湾公仔、惠山泥人、潍坊风筝、北京风筝、凤翔泥塑五项内容。

    本项目以"潍坊风筝"子项目为例讲述"非遗"类 App 的设计开发流程。项目以"潍坊风筝"非物质文化遗产的传承与创新为案例载体，从数字出版物的策划与创意出发，进行出版物的信息架构设计、视觉设计、界面设计、片头片尾转场动效设计、交互设计、页面跳转设计。其中，展示的图像、讲解视频、文本资料等来源于设计团队赴传承人工作室采集的第一手资料，经过用户调研、信息架构、功能定位、视觉设计、交互开发、测试发布等环节设计而成。在 App 内融入了动画、文字、大师讲解视频、360° 全景等富媒体展示，为观众解读潍坊风筝技艺的工艺要点和背景故事。视觉上采用高清大图＋拖拽式 DIY 拼图游戏，交互上采用全景触摸互动＋展品视频解读的方式，力求给浏览者营造沉浸式的阅读体验。"民艺撷英"移动应用现已在苹果平台上线，用户可在 iOS 平台 Appstore 中搜索"民艺撷英"或微信扫描二维码免费下载。如图 7-1 所示。

7.1.2 "潍坊风筝" App 信息架构设计

    信息架构就是将若干信息有机地组织在一起。信息架构关注内容结

图7-1 "民艺撷英"移动应用

"民艺撷英"苹果版下载

构：如何将内容组织好并进行标注以便让用户容易找到所需信息。通过信息构架，在用户与信息之间建立一个通道，将相关信息快速呈现给目标用户。有效的App界面信息架构能提升信息的可用性和可寻性，以使其能更加高效有序地被用户认知。

从认知世界中人们已经获得普遍赞同的信息的基础结构进行排布。如位置组织法是以信息的位置是为依据组织信息；字母顺序组织法是以字母排列顺序（中文可按照拼音顺序）为依据组织信息；时间组织法是以信息发生的时间顺序为依据组织信息，在"非遗"类的信息分类中应用广泛；类别组织法是按照类目组织信息，在"非遗"App界面中，常见的如按工艺流程或某传统技艺所属类别进行分类组织；层次组织法按照等级关系、任务流程或重要程度等组织信息。

本项目设计团队赴潍坊访谈潍坊风筝传承人，对潍坊风筝博物馆进行调研采集，归纳、总结、提炼潍坊风筝的主要内容，将"潍坊风筝"App信息分类按照潍坊风筝技艺的主要内容归纳总结为：史、趣、艺、师、赏五个栏目，"史"主要介绍潍坊风筝的历史由来，详细介绍了潍坊风筝的起源、发展、典故、寓意和特点；"趣"主要介绍潍坊风筝的风俗奇趣；"艺"主要介绍了风筝的扎、糊、绘、放等主要工艺流程；"师"主要介绍了韩福龄、张效东等潍坊风筝制作大师；"赏"主要介绍了龙头蜈蚣、金鱼、童子拜寿、雷震子救父等潍坊风筝的典型作品。如图7-2所示。

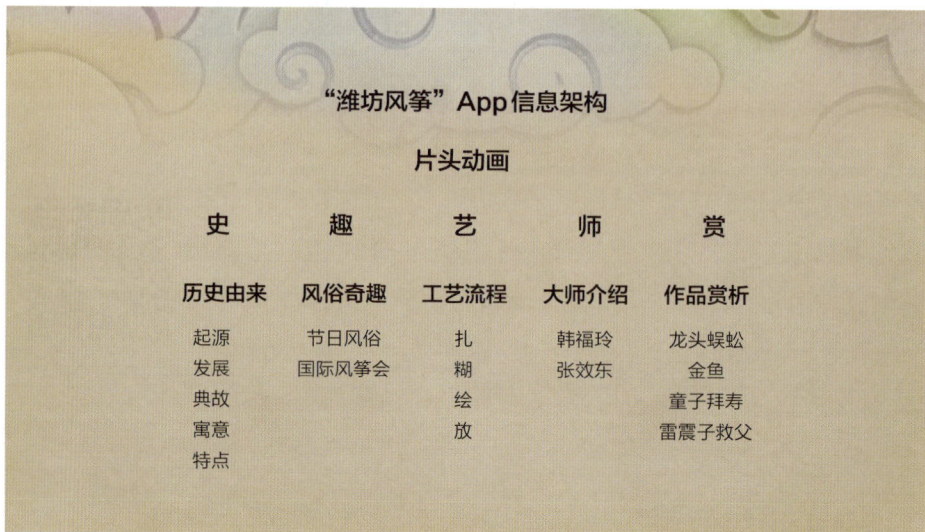

图7-2 "潍坊风筝"App信息分类

7.1.3 交互设计构思

（1）实景再现。实景再现式App界面设计以某种"非遗"资源的制作或应用场景为界面主要表现元素。页面信息的呈现及浏览方式还原"非遗"设计制作的工艺流程、技艺展示、工作场景。实景再现的交互方式容易引导浏览者直奔"非遗"主题，启发兴趣。"潍坊风筝"App启动动画界面设计，以年画风格的孩童放风筝为主要表现元素，实现动态效果和实景导航，界面元素应用是对放风筝情景的提炼和梳理，如图7-3所示，营造出符合"非遗"主题特征意境的实景氛围。"潍坊风筝"App力求能够通过"非遗"实景的艺术化表达来激发浏览者的情感和情绪，通过设计师对情景的再构建看到带有浓烈民族文化感情色彩的"情景"。这样可以有效地烘托展示对象的整体氛围，从而激发浏览者对"非遗"内容的共鸣。

（2）长图拖拽展示。"非遗类"App界面设计中采用长图拖拽展示作品的交互方式可以使浏览者与展示品得到很好的沟通与交流。用户可以随意对长图进行拖拽，根据个人喜好选择作品进行浏览，实现非物质文化遗产的知识可视化及互动操作，增强用户学习的主动性。"潍坊风筝"App作品赏析界面上以横轴长图从左至右展示不同的风筝作品，点击风筝作品

图7-3 "潍坊风筝"App启动动画、界面设计

的缩略图会弹出小窗口详细介绍本作品的寓意及工艺特征，单击小窗口会关闭当前弹出的窗口，回到长图拖拽界面继续浏览。如图7-4所示。

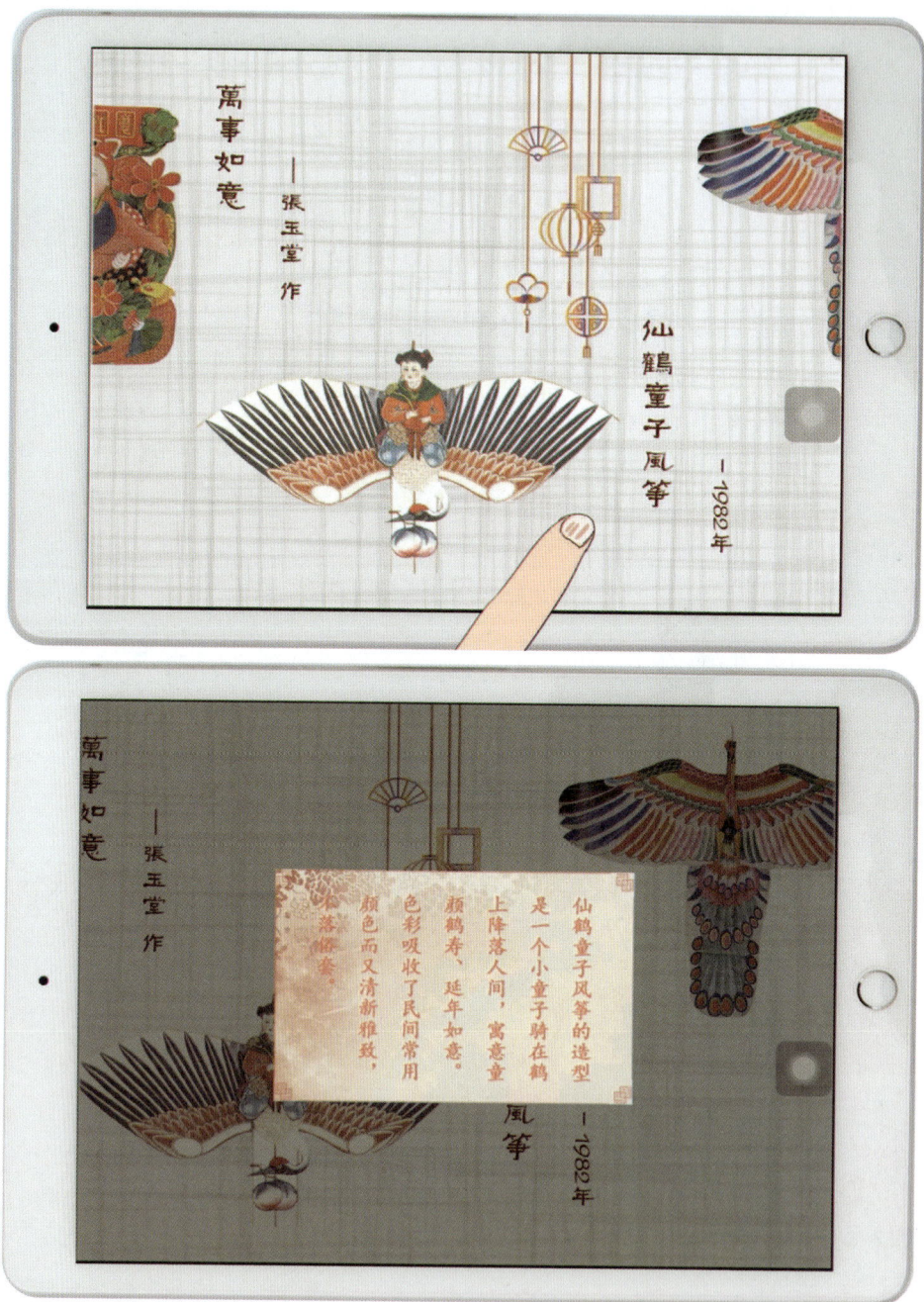

图7-4 "潍坊风筝" App的弹出窗口

（3）角色DIY拼图。在"非遗"内容展示的同时，设置角色DIY拼图游戏可以加强"非遗"内容的丰富性、媒体资源的交互性和浏览者的学习黏度。浏览者可以在此前学习内容的基础上，进行创作实践，更好地进行民族文化技艺的创新与传播。角色DIY一般分为色彩DIY、图案拼图再设计、素描线稿上色、角色拖拽等形式。

7.1.4 设计开发过程

（1）片头动画制作。

①设计思路。App的启动视频可以给浏览者以产品的直观印象，能够较好地传达出应用的格调、内涵、功能使用场景等，加强用户对品牌的直观印象，拉近应用与用户之间的距离，引导用户进入App的氛围中。创意是片头动画的灵魂，意境是片头动画的生命，可通过动画制作软件的技术支持将动画的设计思路进行还原实现。片头视频设计时应注意选题的意境与风格，在15～30秒的时间内通过艺术手段高度概括整个项目内容的精华部分。同时注意动画场景的构成、色彩、动效、音乐都是增强感染力、烘托气氛的重要因素。根据所选"非遗"主题提取元素，设计符合选题内容寓意、内涵和深度的动画。

②制作方法。可以选择动画软件设计制作，导出mov视频，格式工厂转mp4格式，转码格式选H264。也可以选择AE等视频软件设计制作，直接导出mp4格式。有三维动效的内容可以选择CINEMA 4D等三维软件设计制作。

③片头视频的置入。

a）打开InDesign软件，在菜单栏中选择"AVE Project Manager"，新建一个项目，设置项目名称、浏览方向、尺寸等常规设置。将文件存储至素材文件夹下。

【注意】将所有文件存储于一个文件夹下。

b）绘制一个与屏幕等尺寸的矩形，设置为黑色，打开"AVE Inter-activity"面板进行设置。

c）在视频面板中，选择视频文件进行设置：选取"隐藏控制""在结束处关闭"和"自动播放"。如图7-5所示。

d）创建一个在结束视频之后的动作。"命令"选择"阅读器"，"将要执行"选择"进入页面"，在"页面索引"处输入"2"，让视频结束后跳转到第2页。如图7-6所示。

图7-5 视频面板设置

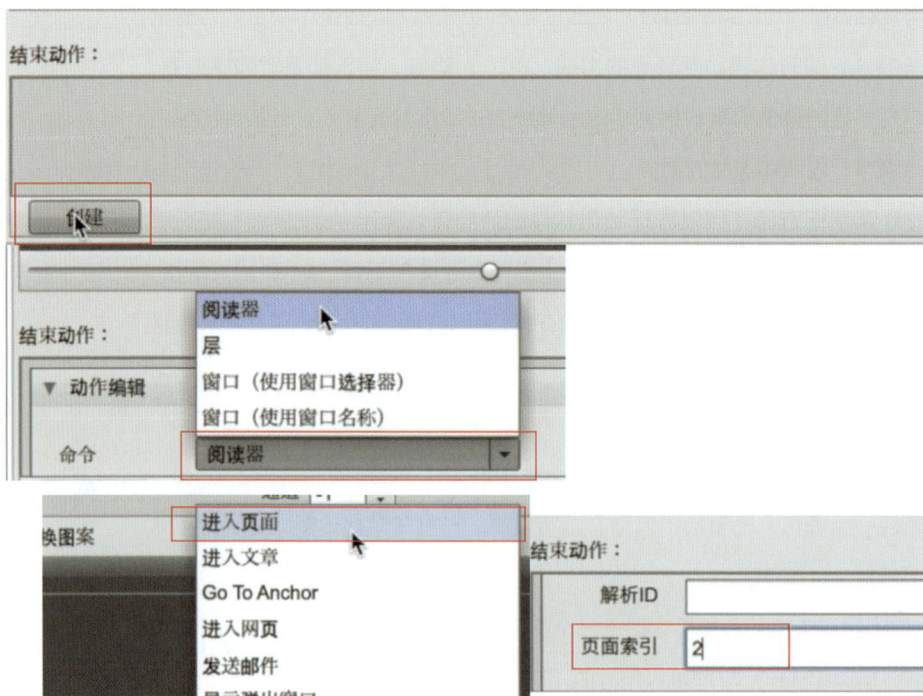

图7-6 视频结束后跳转到第2页设置

（2）导航设计。

①动态界面设计。在Photoshop软件中进行导航界面版式设计，注意界面中动态元素和静态元素的分层。静态元素和动态元素需单独建层，并命名好图层名称。如图7-7所示。

将PSD源文件导入动画软件中制作动效，动态页面制作过程中应注意动态页面视觉内容呈现顺序和动效的节奏感。如图7-8所示。

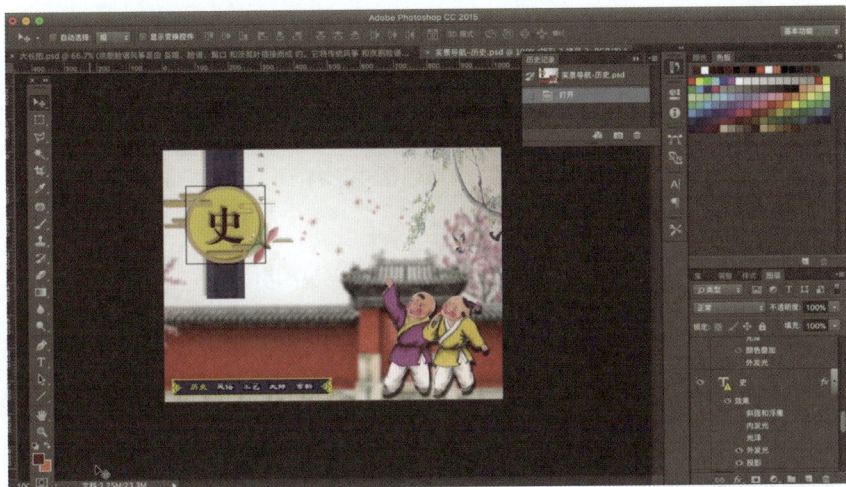

图7-7 在Photoshop软件中进行导航界面版式设计

图7-8 将PSD源文件导入动画软件中制作动效

动效制作完成后导出序列图像，由InDesign软件通过"动画图像"的方式置入，界面动效也可以选择直接用短视频作为动态界面导入，不论哪种方式制作视频，均需要导出mp4视频格式，由InDesign软件通过导入视频的方式置入，导入方式参考片头视频的置入方式。

②导航页面制作。

a）在"AVE Project Manager"中新建一个页面。在页面中绘制与屏幕尺寸等大的矩形，选中矩形，在"AVE Interactivity"面板中选择"子界面"。创建一个子界面，"滚动方向"设置为"水平（从左开始）"，其他设置如图7-9所示。

b）在子界面中绘制与屏幕尺寸等大的矩形。在"AVE Interactivity"面板中选择"影片"，在影片设置面板中选择五个动态导航页面视频文件进行设置，设置参数如图7-10所示。

c）在页面面板中选择新建页面，选择第1页中的矩形进行复制，到第2页中点击右键选择"原位粘贴"，到"AVE Interactivity"面板中更新视频即可。以此类推，用同样的方法将其他三个动态导航视频置入，完成参数设置。保存子界面，关闭后回到主页面，更新链接。

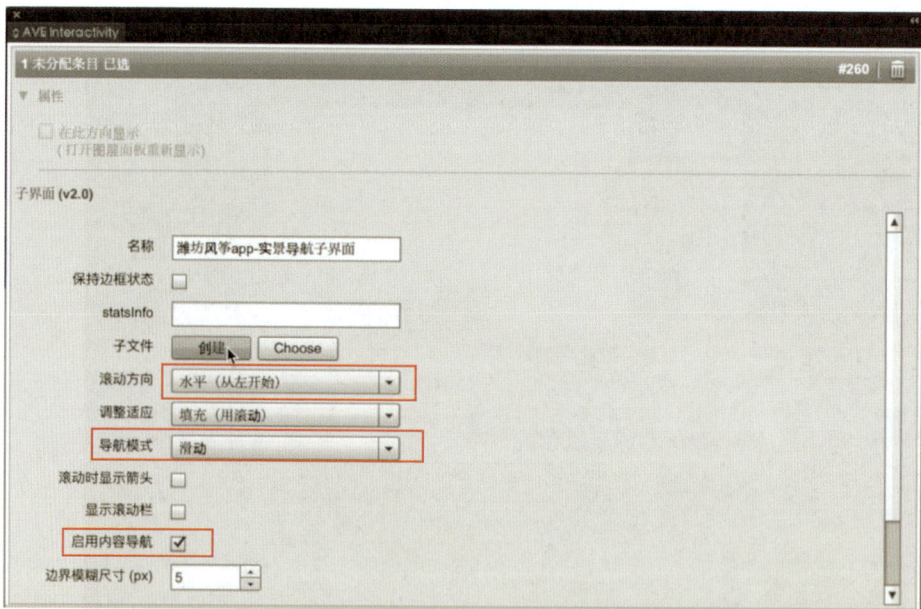

图7-9　创建一个子界面

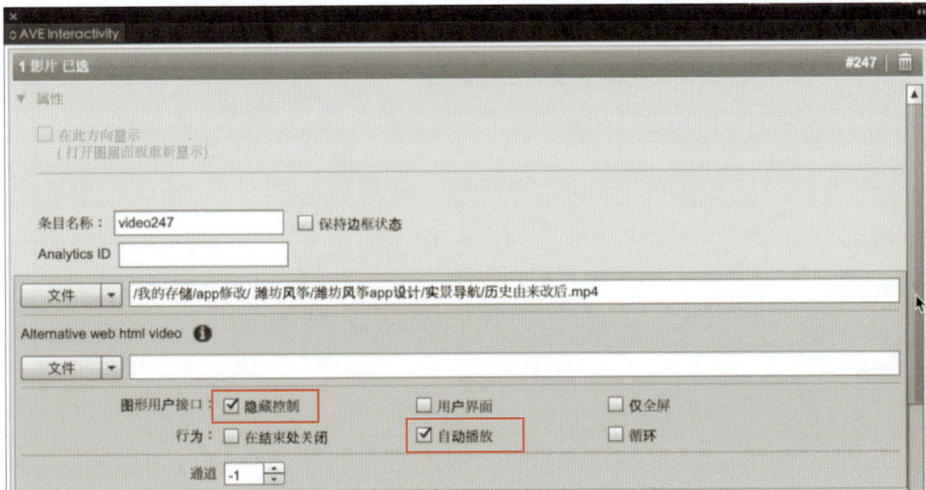

图7-10 置入视频文件设置

（3）"历史由来"页面动效和交互内容制作。

①引导页制作。

a）新建页面，在页面中绘制与页面等大的矩形，按【Control+d】键将背景图置入。

b）选择"文本"工具，输入"历史由来"，根据排版调整其字体、字号、位置、颜色、字间距。

c）在背景图中放置主视觉图：选择"矩形"工具，绘制矩形，按【Control+d】键将主视觉图置入，单击鼠标右键，选择"适合"，依次选择"按比例填充框架""按比例适合内容"。

d）选中主视觉图，在"AVE Interactivity"面板中选择"图像"，图像面板中的设置如图7-11所示。可以实现主视觉图单击后全屏播放，手指缩放。

e）在页面中绘制矩形，按【Control+d】键将引导箭头图置入，单击鼠标右键，选择"适合"，依次选择"按比例填充框架""按比例适合内容""使框架适合内容"。

f）在箭头图旁边用"钢笔"工具绘制箭头运动轨迹，同时选取箭头图片和钢笔绘制的路径。选择"交互"中的"动画"，添加路径动画，选择"循环"，进行动画预览。如图7-12所示。

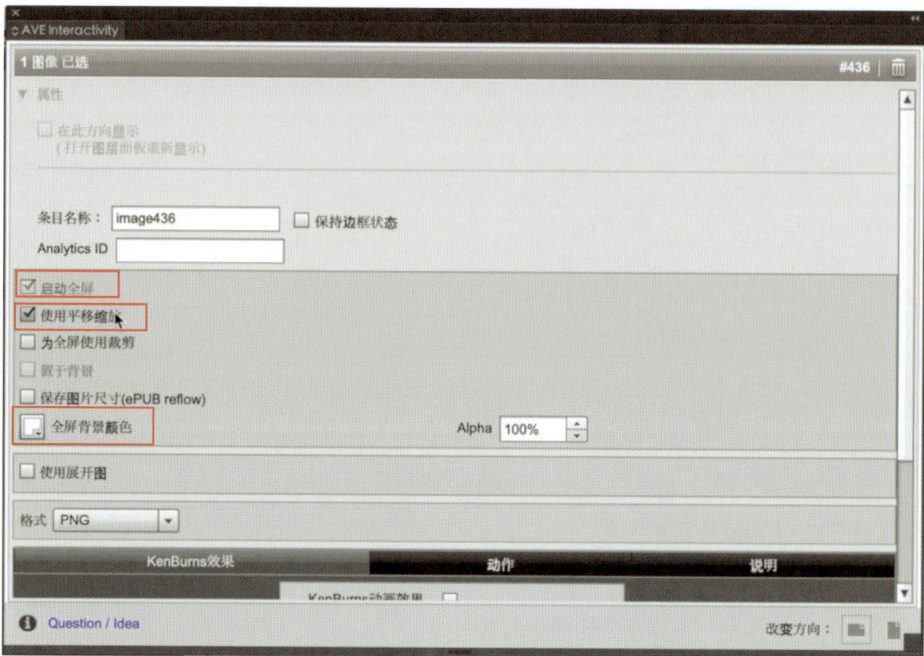

图7-11 "图像"设置

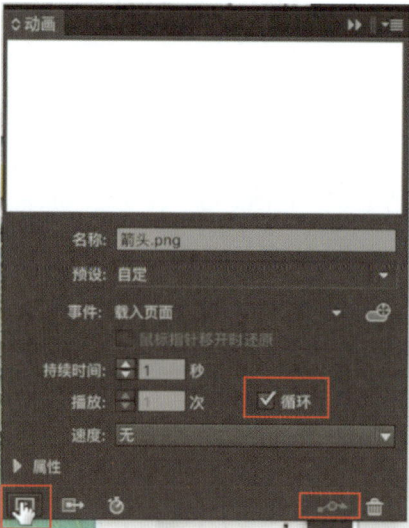

图7-12 "动画"设置

②内容页制作。

a)新建页面,在页面中绘制与页面等大的矩形,按【Control+d】键将"历史由来"第一张背景图置入。

b)在背景图空白处选择"矩形"工具,绘制矩形,按【Control+d】键将第一张按钮图置入,选中图像,在"AVE Interactivity"面板中选择"按键",并创建按键,"命令"为"阅读器","将要执行"为"显示弹出窗口","弹出窗口类型"为"情态",如图7-13所示。编辑弹出窗口,选择"幻灯片"。调整幻灯片的宽高比例,勾选"启动全屏",在"内容"处将弹出窗口的素材图像导入,设置动画起始帧的位置,如图7-14所示。

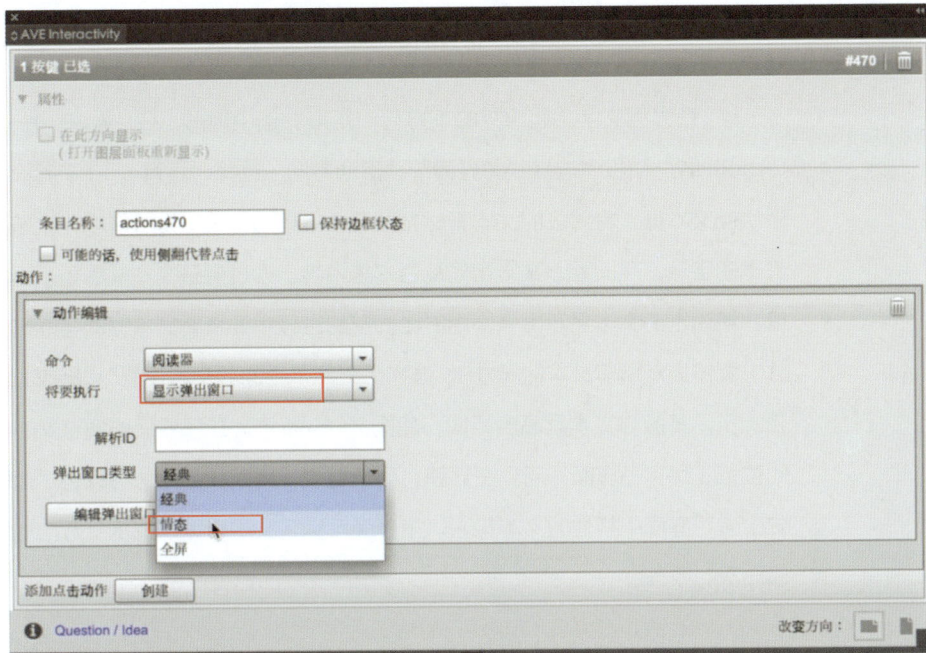

图7-13 "按键"设置

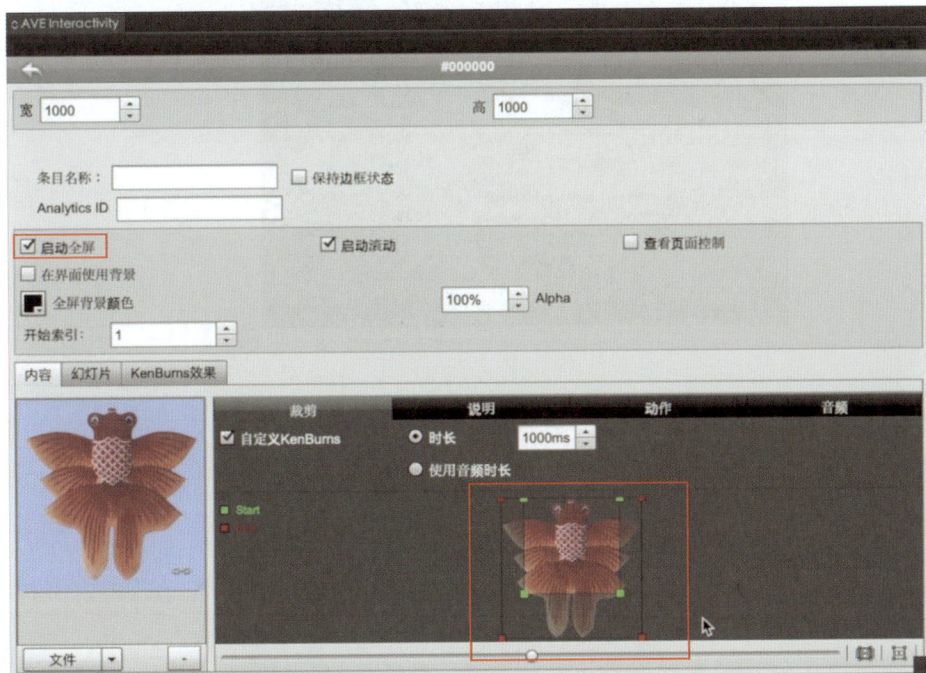

图7-14 设置动画起始帧的位置

c）新建页面，在页面中绘制与页面等大的矩形，按【Control+d】键将 "历史由来" 第二张背景图置入。

d）在界面文字 "起源" 的下方绘制矩形。选中矩形，在 "AVE Interactivity" 面板中选择 "子界面"，"滚动方向" 选择 "垂直"。在子界面中绘制文本框，将对应的文本素材粘贴至文本框内。根据排版需求，调整文本的字号、字间距、文本字体及色彩等内容。通过调整文本框的垂直高度，将溢出的文本显示出来，同时在调整的过程中要查看文本框的实际尺寸（能够显示所有文本的尺寸），选择 "文件" 中的 "文本设置"，修改文档的实际高度与文本框高度相同，如图7-15所示。在子界面中调整文本的位置，保存子界面，回到主界面，更新链接。用同样的方法可以将 "历史由来" 界面中其他的文本置入，子界面可实现文本在垂直或水平方向的滚动滑动效果。

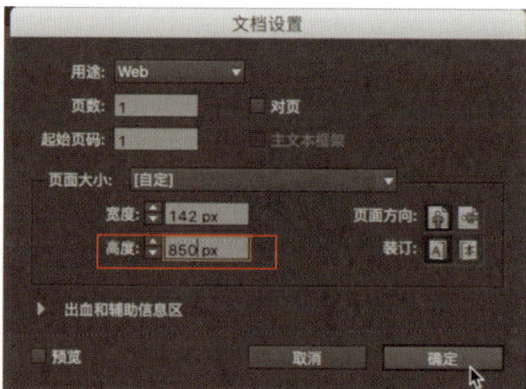

图7-15 修改文档尺寸

（4）"风俗奇趣" 页面动效和交互内容制作。

①引导页制作。

a）复制 "历史由来" 引导页，新建页面，单击右键，选择 "原位粘贴"，双击主视觉图，按【Control+d】键将 "风俗奇趣" 页面的主视觉图置入即可。

b）修改页面中的文本信息，更新为 "风俗奇趣" 页面的文本，根据排版需求，调整文字信息。

②内容页制作。

a）新建页面，在页面中绘制与页面等大的矩形，按【Control+d】键将"风俗奇趣"第一张背景图置入。

b）在主视觉图位置绘制矩形，选中矩形将相应图像导入，调整其大小和位置。选中图像，在"AVE Interactivity"面板中选择"按键"，创建"按键"，"命令"为"阅读器"，"将要执行"为"显示弹出窗口"，"弹出窗口类型"为"情态"。编辑弹出窗口，选择"幻灯片"。调整幻灯片的宽高比例，勾选"启动全屏"，在"内容"处将弹出窗口的素材图像导入，在"幻灯片"处勾选"启动动画"和"循环"，可实现按键点击后的弹出图像微动效果。设置如图7-16所示。

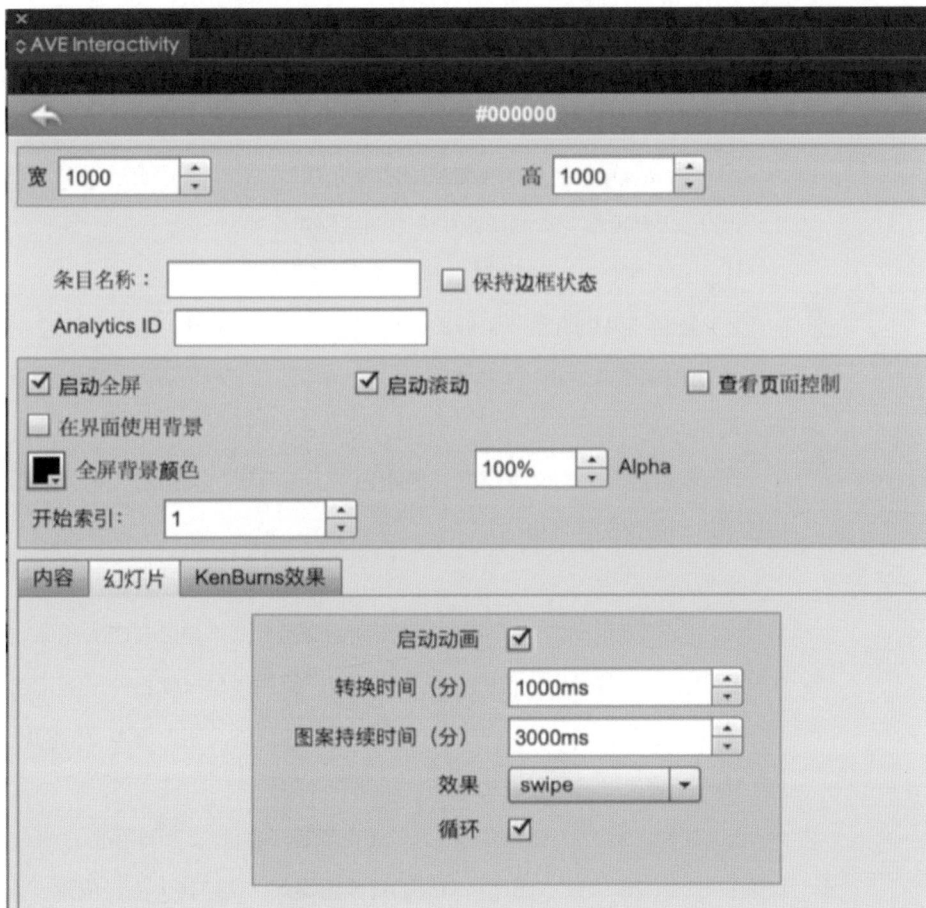

图7-16 编辑弹出窗口

c）在页面的左侧绘制矩形，为矩形填充白色，根据排版需要适当调整白色透明值，目的是增强文本色彩与背景色彩的对比度。在白色矩形上绘制尺寸略小的矩形，选中矩形，在 "AVE Interactivity" 面板中选择 "子界面"，"滚动方向" 选择 "垂直"。在子界面中绘制文本框，将对应的文本素材粘贴至文本框内。文本滚动型子界面尺寸设置参照 "历史由来" 页面中文本的设置。

d）新建页面，在页面中绘制与页面等大的矩形，按【Control+d】键将 "风俗奇趣" 第二张背景图置入。

e）在页面左侧绘制矩形，按【Control+d】键导入对应的图像。在 "AVE Interactivity" 面板中选择 "图像"，勾选 "启动全屏""使用平移缩放""KenBurns 动画效果"，给图像一个渐渐变大的交互设置，双击图像之后可实现手势的缩放。

f）用同样的方法在屏幕的右边绘制矩形，为矩形填充白色，根据排版需要适当调整白色透明值，根据前面所述文本滚动型子界面设置方法，置入文字，调整设置，实现文本垂直滚动。

（5）"工艺流程" 页面动效和交互内容制作。

①引导页制作。

a）复制 "风俗奇趣" 引导页，新建页面，单击右键，选择 "原位粘贴"，双击主视觉图，按【Control+d】键将 "工艺流程" 页面的主视觉图置入即可。

b）修改页面中的文本信息，更新为 "工艺流程" 页面的文本，根据排版需求，调整文字信息。

②内容页制作。

a）"工艺流程" 内容页采用文字滑动的交互方式，与之对应的图像发生同步改变。采用锚点定位的交互手段完成，其原理是一张长背景图，仅显示当前的位置，随着手指的上下滑动，不同位置的文字信息有不同的锚点，锚点与之关联的图像发生改变。如图 7-17 所示。

b）新建图层，修改图层名称为 "工艺流程子界面"。新建页面，修改页面名称为 "扎"，在本图层将对应的背景图置入，调整其大小、位置。

c）选中 "工艺流程子界面" 图层，在此图层上绘制矩形，选中矩形，

图7-17 锚点定位原理演示

在"AVE Interactivity"面板中选择"子界面","滚动方向"选择"垂直"。

d）在子界面中，绘制与子界面高度尺寸相同的矩形作为参考线，放置在画面以外。选择"文本"工具，将流程"扎"的文字信息拷贝粘贴，根据排版需求，调整字体、字号、字间距及标题字体样式。

e）选择"文件"中的"文本设置"，修改文档的高度为当前子界面高度的4～5倍（根据实际排版效果随时进行修改）。

f）分别将"糊""绘""放"三个流程的文本拷贝粘贴，根据排版需求，调整字体、字号、字间距及标题字体样式。

g）在页面中绘制矩形，选中矩形，在"AVE Interactivity"面板中

选择 "脚本"，需要为脚本添加四个动作，让 "扎" "糊" "绘" "放" 四个图层同时隐藏。"脚本" 设置如图7-18所示。

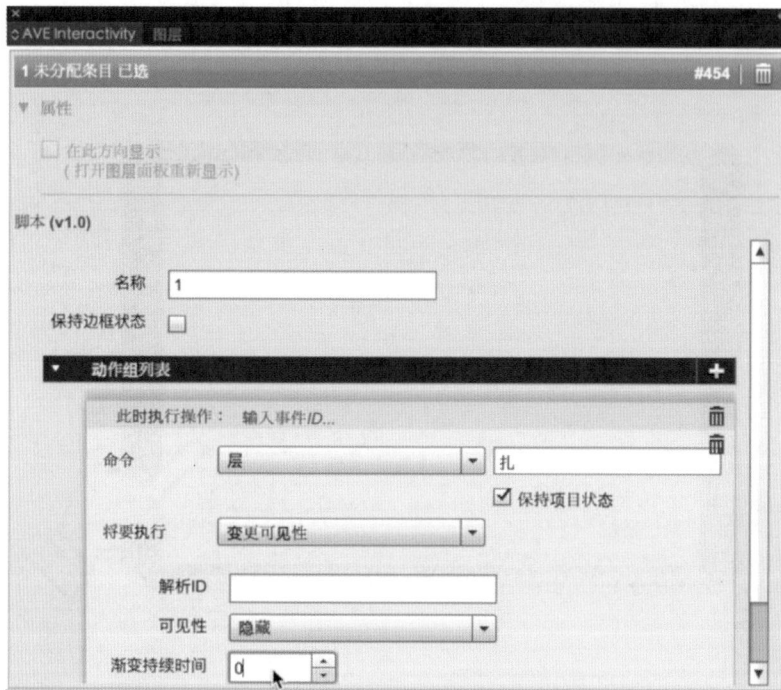

图7-18 "扎" 图层的 "脚本" 设置

h）在每段文字起点和终点位置各添加一个锚点。先在起点绘制锚点矩形，选中矩形，在 "AVE Interactivity" 面板中选择 "Anchor"，此时执行操作："窗口（使用窗口选择器）" "单击并选择窗口"，选取脚本，"将要执行" 选择 "附ID的动作"。如图7-19所示。

i）再次添加命令，选择 "层" 输入当前要显示的图层名称。注意图层名称必须与主界面中图层命名一致。如图7-20所示。

j）将当前加好命令的锚点复制，粘贴到本段文本的终点位置。

k）复制第一段文本起点的锚点，粘贴到本段文本的起点位置，选中锚点，在 "AVE Interactivity" 面板中选择 "Anchor"，修改图层名称即可，用同样的方法设置其他两段文本的起点和终点锚点及命令。

l）保存子界面回到主页面更新链接。新建三个图层，分别命名为

图 7-19 文字的"脚本"设置

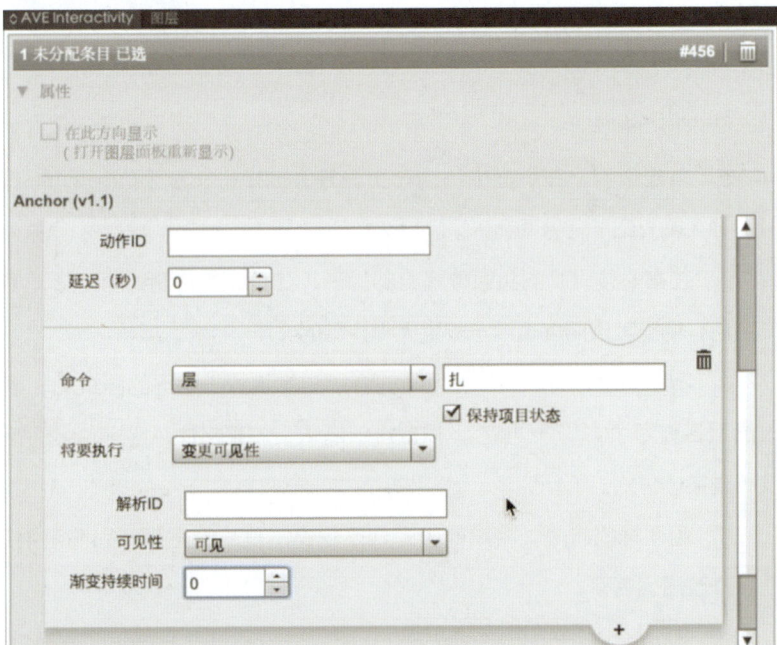

图 7-20 变更图层可见性

"糊""绘""放",置入相应的图片。调整图层可见状态,只显示"扎"图层,其他图层为不可见状态。如图 7-21 所示。

（6）"大师介绍"页面动效和交互内容制作。

①引导页制作。

ａ）复制"工艺流程"引导页,新建页面,单击右键,选择"原位粘

图7-21 调整图层可见状态

贴",双击主视觉图,按【Control+d】键将"大师介绍"页面的主视觉图置入即可。

b)修改页面中的文本信息,更新为"大师介绍"页面的文本,根据排版需求,调整文字信息。

②内容页制作。

a)新建页面,在页面中绘制与页面等大的矩形,按【Control+d】键将"大师介绍"背景图置入。

b)在第一位大师的头像位置绘制矩形,在页面的左侧绘制矩形,填充白色,调整其透明度,用于放置大师介绍的文本。

c)新建图层,分别将7位大师的介绍文本放置于不同的图层上,更改图层名称为"01"~"07",根据排版需求,调整字体、字号、字间距及标题字体样式。

d)用同样的方法,将其他大师介绍的文本信息粘贴到不同图层中,注意修改图层名称。

e)在页面中绘制矩形,选中矩形,在"AVE Interactivity"面板中选择"脚本",隐藏7位大师的文本图层,设置方式与"工艺流程"页面中介绍的设置方法一致。

f)选中第一个大师头像上的矩形,在"AVE Interactivity"面板中选择"按键","窗口(使用窗口选择器)""单击并选择窗口","将要执行"选择"附ID的动作"。

g)继续添加动作,"命令"为"图层",输入相应的图层名称,"将要执行"选择"变更可见性","可见性"选择"可见"。

h）用同样的方法复制第一个大师的按键，粘贴到其他大师的头像位置，在"AVE Interactivity"面板中选择更改图层名称即可。

i）修改初始状态的图层可见状态，点击几位大师头像处的按键可实现大师文字介绍的相应切换。

（7）"作品赏析"页面动效和交互内容制作。

①引导页制作。

a）复制"大师介绍"引导页，新建页面，单击右键，选择"原位粘贴"，双击主视觉图，按【Control+d】键将"作品赏析"页面的主视觉图置入即可。

b）修改页面中的文本信息，更新为"作品赏析"页面的文本，根据排版需求，调整文字信息。

②内容页制作：长图拖拽显示弹出窗口。

a）新建页面，在页面中绘制与页面等大的矩形，选中矩形，在"AVE Interactivity"面板中选择"子界面"。创建一个子界面，"滚动方向"设置为"水平（从左开始）"。

b）到子界面中进行编辑，绘制矩形，按【Control+d】键将"作品赏析"页面的长图置入。根据长图的尺寸宽高，选择"文件"中的"文本设置"，修改文档的实际尺寸与长图实际尺寸相同。

c）在子界面中设置按键。在作品图的位置绘制矩形，选中矩形，在"AVE Interactivity"面板中选择"按键"，创建"按键"，"命令"为"阅读器"，"将要执行"选择"显示弹出窗口"，"弹出窗口类型"为"情态"。编辑弹出窗口，选择"幻灯片"。调整幻灯片的宽高比例，勾选"启动全屏"，在"内容"处将弹出窗口的信息图像导入，在"幻灯片"处勾选"启动动画"和"循环"，可实现按键点击后的弹出图像微动效果。设置弹出窗口动画的起始帧的位置。

d）复制第一个作品的按键，粘贴至第二个作品位置，在"AVE In-teractivity"面板中选择"按键"，编辑弹出窗口，将相关的图像更新为第二个作品的信息。动画的起始帧根据需要可进行个性化的设置。相同方法设置其他作品的按键内容。

③内容页制作：拖拽交互。

第
1
章
拇指时代的阅读与 "非遗" 数字传播

第
2
章
别出心裁的策划创意

第
3
章
界面设计中的多维策略

第
4
章
营造沉浸式的交互体验

a）交互动作形成于人与实物的互动中。在物理世界接触物体一定有感觉，在移动端界面中与物体交互一定可以看到变化。拖拽对应的真实动作就是"把物体从这里拿到那里"。拖拽在界面交互中用于调整编队、拼字拼图、角色DIY等。App"紫禁城祥瑞"通过拖拽的交互方式，可以实现瑞兽的纹饰、色彩等变化，轻松制作用户喜欢的瑞兽形象并与朋友们分享。在"潍坊风筝"案例中，我们拖拽不同颜色的按钮使风筝的色彩产生相应的变化。

b）新建页面，在页面中绘制与页面等大的矩形，按【Control+d】键将拖放的背景图置入。

c）新建图层，修改图层名称为"拖放"，在本图层绘制矩形，将风筝的原始图像置入。调整图像大小与比例关系。展开"拖放"图层，将其他不同色彩的风筝置入，不同色彩的风筝大小和放置位置一致。修改图层中的名称，并调整不同颜色风筝的可见状态，保持原始图像的可见状态，其他色彩的风筝为不可见。如图7-22所示。

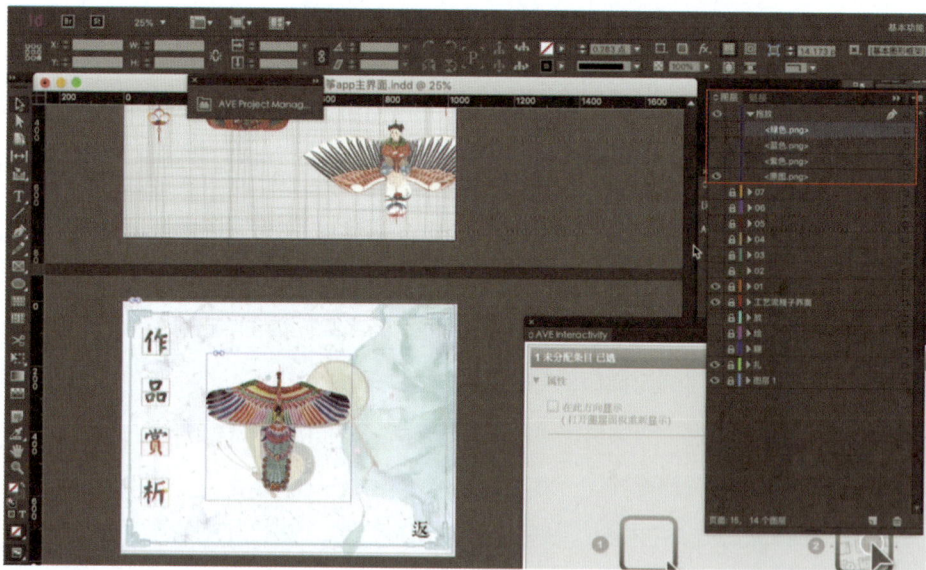

图7-22 调整不同颜色风筝的可见状态

d）在"拖放"图层绘制紫色、蓝色、绿色三个不同颜色的圆形作为拖拽按钮，分别在图层中命名为"紫圆形""蓝圆形"和"绿圆形"。

e）绘制矩形用于放置拖拽交互动作。注意矩形的大小应覆盖三个按钮和图像大小，在图层中命名为"drog01"，如图7-23所示。

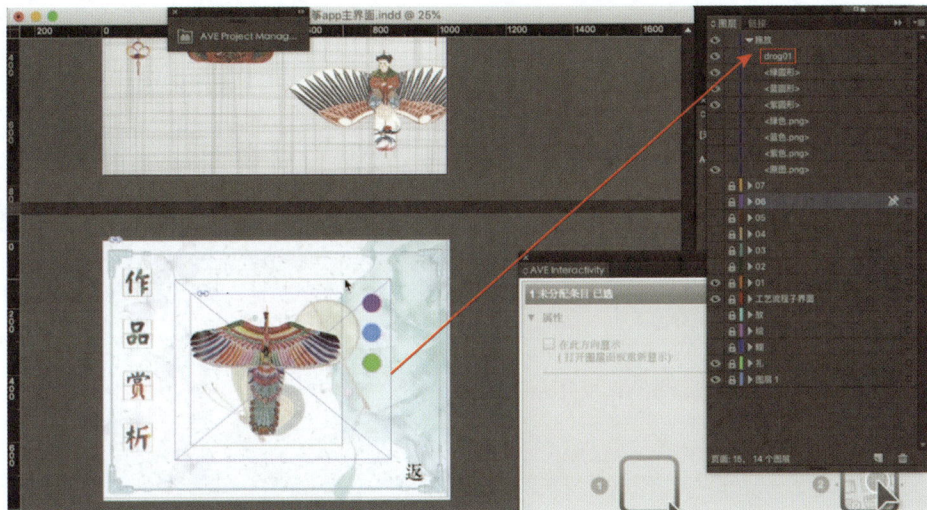

图7-23 在图层中命名为"drog01"

f）暂时将矩形"drog01"放到下面位置，绘制小矩形，选中矩形，在"AVE Interactivity"面板中选择"脚本"，需要为脚本添加四个动作，让风筝原图和变化色彩的风筝同时隐藏。可以选择图片检查器来选取将要隐藏的图像。

g）选中矩形"drog01"，在"AVE Interactivity"面板中选择"拖放"，"可拖动边框"选择"紫圆形"，"弹跳强度"选择"1.1"，可以实现按钮在原比例与1.1倍比例之间跳动。如图7-24所示。

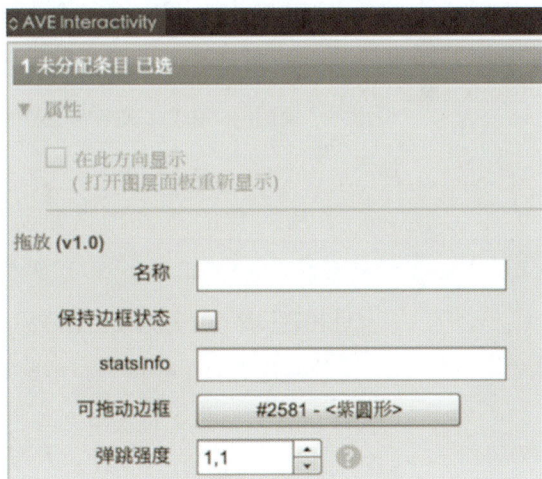

图7-24 弹跳强度设置

h）设置放置目标："模式"为"放置"，"目标文本框"为风筝的原图，"命令"选择"窗口（使用选择器）"，"将要执行"选择"附ID的动作"。如图7-25所示。

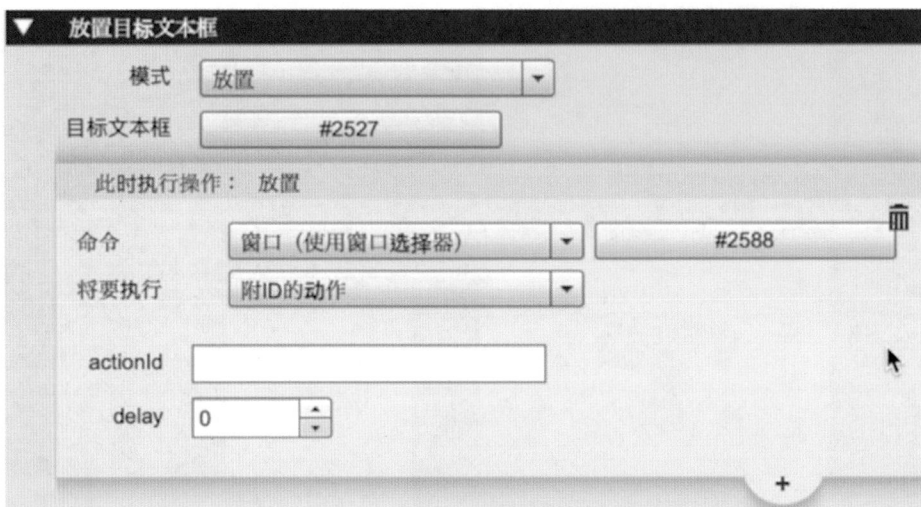

图7-25 执行"附ID的动作"

i）添加命令，使用窗口选择器选取"紫色风筝"，变更其"可见性"为"可见"，再次添加命令，使用窗口选择器选取"drog01"，"将要执行"设置为"重置"，完成此次拖拽任务后可以重新恢复初始状态。如图7-26所示。

j）用同样的方法将其他两个颜色按钮的拖放设置好，将"drog01""drog02""drog03"的位置调整至覆盖整个拖放内容范围。

④内容页制作：对比器查看作品。

a）新建页面，在页面中绘制与页面等大的矩形，选中矩形，在"AVE Interactivity"面板中选择"子界面"。创建一个子界面，"滚动方向"设置为"水平（从左开始）"。

b）到子界面中进行编辑，绘制矩形，按【Control+d】键将"作品赏析"页面的"对比器"背景图置入。置入当前作品的主视觉图，调整主视觉图的大小位置。

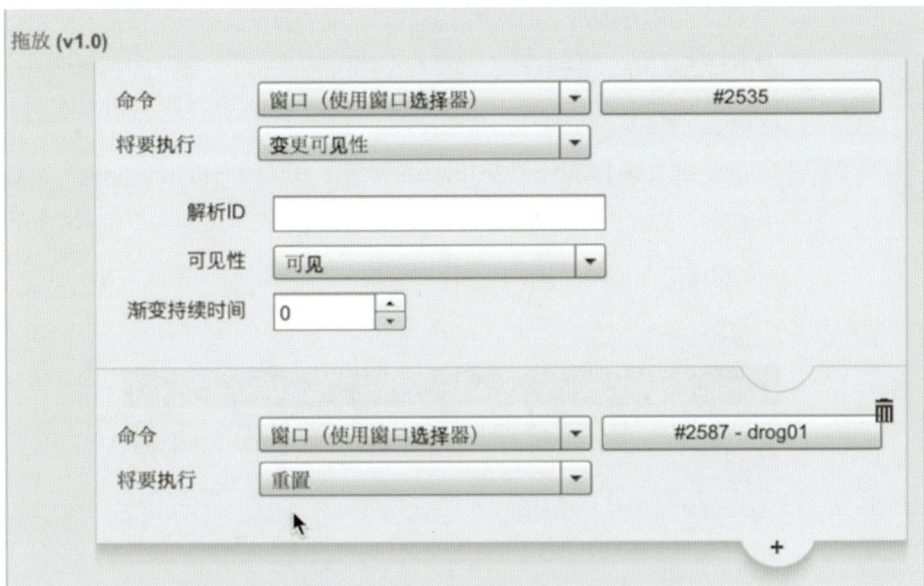

图7-26 "重置"设置

c）在背景图中间位置绘制矩形，在"AVE Interactivity"面板中选择"对比器"。将第一个作品的线框稿和彩色稿设置一个开始和结束的动作。如图7-27所示。

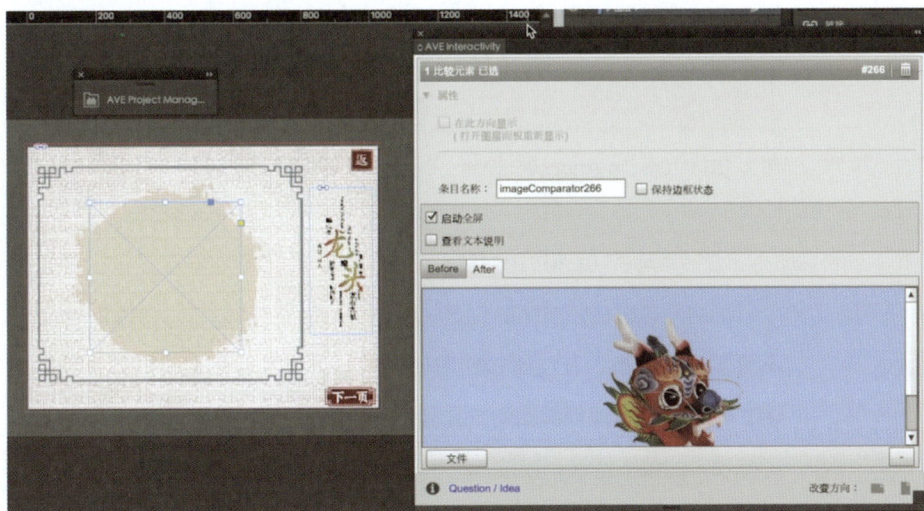

图7-27 "对比器"设置

d）用同样的方法将其他作品的对比器交互设置完成。在第一个对比器页面绘制矩形，选中矩形，在 "AVE Interactivity" 面板中选择 "Anchor"，并且给 "Anchor" 进行命名。

e）在页面中的下一页按钮处绘制矩形，在 "AVE Interactivity" 面板中选择 "按键"。此时执行命令 "Go To Anchor"，"Anchor" 的名称为对应的页面中 Anchor 的命名，可以实现按键翻页效果。如图7-28所示。

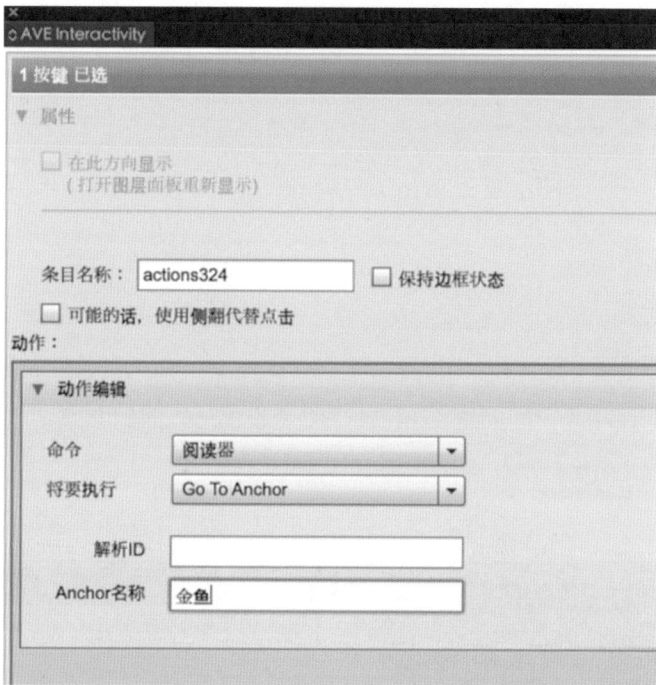

图7-28 "Go To Anchor" 设置

（8）"导航" 页面按钮设置。

①确定导航视频按钮的位置：导航页作为视频导入后，其第一帧处于不可显示的状态，在绘制按钮跳转热区前我们需要知道导航页按钮的位置，可以通过给视频截图的方式获取。绘制矩形，按【Control+d】键将导航视频的截图置入，在按键区相应位置绘制矩形，再将截图删除即可。

②给按键添加命令：在导航页面的主视觉图和五个按键处绘制矩形，选择按键，通过设置按键中的 "Go To Anchor" 可以实现按键与各个页

面之间的跳转。如图7-29所示。

③选中按钮，在其他导航的页面，选择"原位粘贴"，在不同的页面修改Anchor的名称即可。如图7-30所示。

④预览效果，完成制作。

图7-29　给按键添加命令

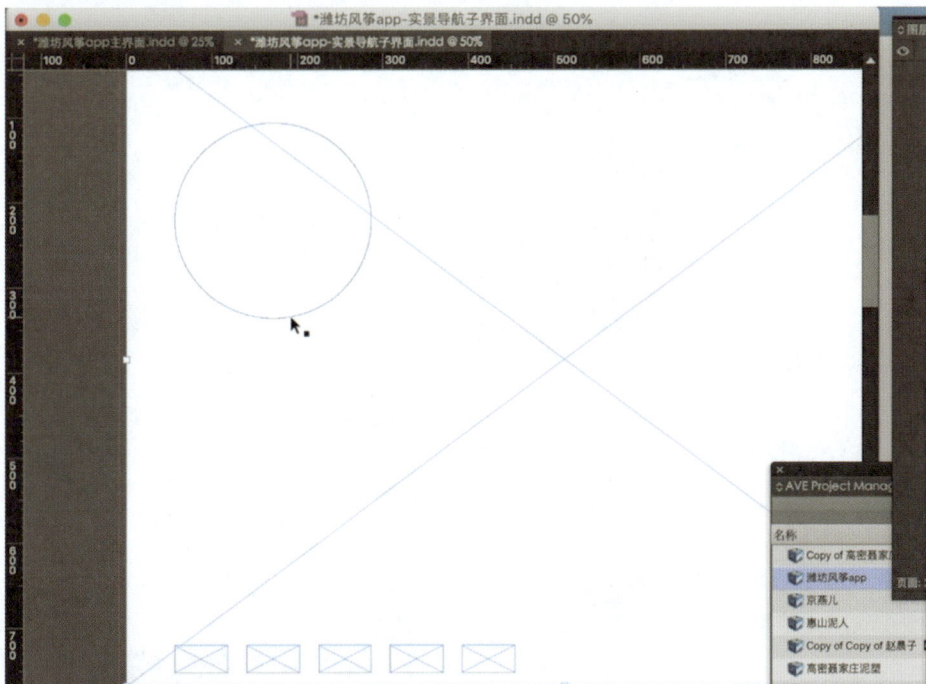

图7-30　在不同的页面修改Anchor的名称

7.1.5 项目延展

（1）技术延展。除了实现项目例所涉及的拖拽交互、360°浏览、全景图、按键点击跳转、视频交互等效果，还可以根据所选"非遗"项目的特征进行个性化的交互设计。如作品"石湾公仔"中以垂直的作品长图为交互主线，结合不同作品的视频讲解、不同朝代的时间轴相互拖拽等交互手段，实现线上的作品展播。如图7-31所示。

（2）设计延展面。向"非遗"类的App界面设计首先应根据"非遗"内容确定交互目标和用户体验，根据核心功能进行信息架构，进而进行视觉内容设计。就设计的优选权而言，趣味性的用户体验高于App的产品功能，功能高于交互方式和信息架构，交互方式和信息架构高于界面视觉设计。"非遗"类App界面设计过程中，我们应思考如何传达出中国传统文化的内涵，而非只是简单的传统元素粘贴罗列，将骨子里的中国风格自然而然地流露出来。

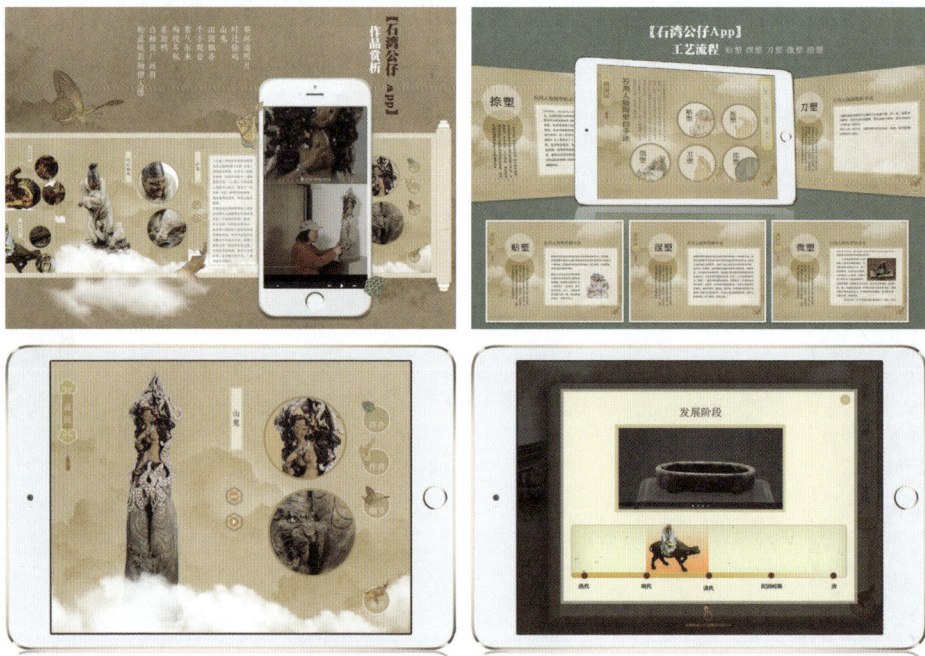

图7-31 "石湾公仔"App

7.2 "聂来捏趣" H5 页面设计

7.2.1 项目设计背景

（1）高密聂家庄泥塑简介。高密聂家庄泥塑是第一批国家级非物质文化遗产扩展项目，具有"声、型、动、趣"的特点，制作一件精美的泥塑作品工艺烦琐，前后需要大大小小十几道工序，以其代表作品"叫虎"为例，其制作工艺流程大体为：取土、和泥、制模、制坯、脱模、修坯、制哨、装哨、接胚、涂粉、彩绘、上油、贴毛。

聂家庄泥塑分为两大类，分别为发声玩具和不发声玩具。其作为当地最受欢迎的玩具之一，受众大多是普通农民，对于美的态度憨厚直接，所以它们的造型大多夸张，并不拘泥于小细节，而是注重表神写意，这也与当地人豪爽的性格所匹配。聂家庄泥塑在功能的使用上也十分注重实用性和舒适性。在造型的处理上是平滑的圆滚滚的风格，大小通常与孩童的手掌所匹配，这样会使孩子在玩耍的时候更加舒适，可以一直玩耍。在样式的种类上，以动物造型为主，玩耍之余而又可供观赏。动物造型的玩具大都能够发声，除了在不显眼的地方留孔外还可以在泥塑体内加入哨子，通过来回抻拉的方法使空气压缩来完成发声。而摆放在家中的不发声的摆件类玩具主题繁多，每个作品都有其背后的故事与文化内涵。聂家庄泥塑在色彩的使用上非常大胆，都是高纯度的用色，使用最多的是白、红、黄、粉、绿、黑，鲜艳的色彩对比使整个泥塑作品极具视觉冲击力（图7-32）。

（2）传承中遇到的问题。聂家庄泥塑经过500多年的发展，影响遍及山东半岛，甚至销往全国众多地区，成为深受老百姓尤其是孩童喜爱的民间艺术品，逢年过节和赶庙会时是孩子们热衷的玩具。但是随着现代科技的发展，它逐渐被五彩缤纷的现代化玩具所替代，聂家庄泥塑也进入传承的低谷。

聂家庄泥塑的发展受到许多因素的制约，最突出的是传承人的问题，

图7-32 《叫虎》聂鹏作品

由于制作泥塑辛苦而且利润也不多，村里的年轻人大都出去打工，不愿从事泥塑制作。目前聂家庄的泥塑艺人数量少，而且年纪普遍偏大，大多70岁左右，50多岁的就算是年轻的了，这种国家级非物质文化遗产面临着后继无人的尴尬局面。目前聂家庄制作泥塑的人家不足20户。除此之外，聂家庄泥塑的销售季节性较强，泥塑艺人们通常农忙种地，农闲制作泥塑，泥塑的制作和销售仍旧是以户为单位独立运营、自产自销，没有形成规模化生产的产业，这也使其生产规模小、销售方式传统落后、销售渠道窄、缺乏品牌意识，严重制约了其发展。

（3）数字媒体技术融入聂家庄泥塑的传承。目前社会各界对民间手工艺越来越重视关注，高密政府也开始重视聂家庄泥塑的保护，由政府出面进行宣传，给泥塑艺人们提供展示平台，聂家庄泥塑在传承与创新方面取得了一定的突破和创新，但大众对聂家庄泥塑缺乏认知，作为孩童玩具与大众日常生活脱节。尤其是随着移动互联网的发展，多数青少年在课余成为"低头一族"，对传统技艺的关注不够。现有的博物馆、书籍、画册资料很难满足现代快节奏的环境下向大众传播聂家庄泥塑的需求。情感化强调的是从感性的角度出发，挖掘出用户对某种产品隐藏的情感，使用户与该产品能够产生共鸣，这是一种避开了传统理性观念的设计，让人与产品之间建立起深厚的情感。通过设计 App 游戏、数字读物、二维码扫一扫等数字媒体艺术设计的手段，能够唤醒浏览者对聂家庄泥塑技艺的美好记忆，让用户在浏览、欣赏或是购买聂家庄泥塑的过程中和它建立起美好情感，拉近用户与聂家庄泥塑技艺间的距离，带给用户一种全新的体验，提升用户对聂家庄泥塑的关注度。在信息高度发达的时代，全球化互联性的加强使一些非物质文化遗产出现越来越多传承瓶颈问题，通过数字化的手段可以让大众更直观地了解聂家庄泥塑技艺的风俗与流程，起到很好的宣传作用。

7.2.2 设计开发创意

经历了农业、工业和服务业经济之后，伴随着信息化时代到来的不再是传统的经济，而是大规模的体验经济。在体验经济时代，消费者追寻的不只是看得见摸得着的产品造型、触感和功能，而是身临其境、沉浸式的非物质层面的生理、心理的体验。随着科技的发展，手机智能化程度越来越高，成为人际传播与大众传播相结合的新媒体，它融合了交互、动画、图表、全景、应用等各种内容形式。与传统媒体介质相比，手机屏幕更小，尺寸更丰富；浏览灵活，可横屏，也可竖屏，展示形式多样；能随身携带，可随时随地进行浏览。

（1）基于微信平台开发的H5轻应用比本地App拥有更短的启动时间、更快的联网速度，而且无需安装即点即开，特别适合手机等移动媒体。

（2）目前生活节奏快，人们生活在碎片化信息的时代，难以接受深度阅读，H5这种短小精悍、炫酷的形式，非常适合人们随时随地利用碎片化时间进行阅读，让生活中的碎片化时间变得更加有意义。

（3）H5内容形式丰富，用户参与性强，除了可以欣赏图文、视音频、动画等视听效果外，还可以轻松体验绘图、擦除、摇一摇、3D视图等互动效果，带给我们多感官体验。

（4）微信是一种互动性更强、传播速度更快的社交软件，H5通过强大的微信分享功能达到快速传播的目的，成为朋友圈营销传播的热门工具。

基于微信的H5页面设计可以帮助用户与聂家庄泥塑之间建立一种良好的沟通对话，通过"聂来捏趣"H5页面设计，可以让用户利用碎片化的时间对聂家庄泥塑有一个直观的体验和学习，带给用户一种全新的体验，提升用户对聂家庄泥塑的关注度，感兴趣的浏览者还可以通过App或电子书进行详细学习。利用H5页面可以直观、生动地展示中国传统"非遗"文化，有效利用用户碎片化的阅读时间进行传播，为"非遗"文化的传承与发展开辟了一条新的路径。

7.2.3 同类产品分析

笔者浏览并分析了刷爆朋友圈的很多H5页面设计作品，研究它们能够引发"病毒式"扩散、形成井喷式转发量的原因。H5页面受众需要的不再是被动地接受信息，而是要主动地参与其中并产生互动，用户之间的转发形成多对多的传播，受众既是产品信息的接受者又是传播者。H5页面和原生App不同，它不需要安装，即点即开。让大众见识了"移动＋社交"这种多维度传播爆发出的巨大能量。H5页面传播的题材也以商业题材居多，多数优秀作品以广告营销和品牌宣传为主要目的。故宫和腾讯合作推出的穿越题材＋宫廷题材的H5动画，使传统文化与新兴文化相结合，配合NEXT IDEA创新大赛宣传，为民族文化类型的H5页面设计提供了一个很好的借鉴。纯粹介绍某种民间美术的微信平台作品，多以公众号的形式出现，以图文浏览的形式进行阅读，并不能很好地实现沉浸式和参与式的交互效果。此案例的设计开发，对于同类型民间美术的数字读物设计提供了借鉴。

7.2.4 交互设计构思

"聂来捏趣"H5页面由加载页、起始页、内容页及结束页四个部分七个页面组成。采用幻灯播放型页面设计，通过精致的图文编排、有趣的交互操作、360°展示等将聂家庄泥塑展现给大家。

"聂"内容页采用幻灯播放型页面设计思路。幻灯播放型H5页面由精美的图片设计、简单的翻页效果、打动人心的文案及音效组成。幻灯播放型H5页面采用上下滑动的方式或者左右滑动的方式来进行多页切换（图7-33）。

图7-33 "聂"内容页

"来"内容页和"捏"内容页采用细节展示型H5页面设计思路，聚焦于产品细节介绍，将作品的工艺和制作流程展示给浏览者（图7-34、图7-35）。运用H5的互动技术优势最大化地展示产品特性，吸引浏览者的注意力。此类型页面的设计目标是通过细节直观地展示作品造型、功能、设计理念，通过微距镜头的产品细节展示和制作流程演示直观地让浏览者进行学习。细节展示型的H5页面需要醒目且具有视觉冲击力的文案、高端有品质的图像及动感的音效共同配合完成。

"趣"内容页是综合应用多种交互手段的页面。根据聂家庄泥塑的作品特征，采用了场景体验型页面设计。场景体验型页面设计的主要任务是"唤醒"与"点燃"。场景体验型页面设计利用交互技术营造沉浸式的交互体验场景，让浏览者置身于虚拟场景中获得对产品功能的体验。浏览者不是被动地接受信息，而是在场景体验中直观地了解产品，确定对产品功能和品牌的认知。H5页面设计中融入场景能让用户借助熟悉的场景、经验和行为来理解和接受信息，进而主动传播信息，是激励受众转发、传播信息的重要手段。"趣"内

图7-34 "来"内容页

容页设置全景图和作品360° 拖拽浏览，浏览者在猎奇心的驱使下，既能欣

赏作品又接受产品信息、传播信息（图7-36、图7-37）。

图7-35 "捏"内容页

图7-36 全景图拖动内容页

图7-37 "趣"内容页

7.2.5 信息架构设计

通过梳理聂家庄泥塑的作品特征和工艺特色，将内容整合提炼，归纳总结，确定了"聂""来""捏""趣"四个主要内容页面。其中，"聂"主要介绍聂家庄泥塑的大事及其代表作品，"来"主要介绍聂家庄泥塑的历史由来，"捏"主要介绍聂家庄泥塑的工艺流程，"趣"主要介绍聂家庄泥塑的风俗奇趣（图7-38）。

7.2.6 设计开发过程

（1）起始页制作。页面描述：起始页是一个小的片头动画，点击按钮进入主题。首先出现门的缩略图，点击"enter"按钮之后门逐步放大，然后逐步出现"聂来捏趣"主题文字（图7-39）。

"聂来捏趣" H5 页面设计信息架构

⬇

加载页【图文 + 进度条】

⬇

起始页【动画 + 文字】

⬇

"聂"内容页　　"来"内容页　　"捏"内容页　　"趣"内容页　　360°展示页

⬇

结束页【动画 + 文字】

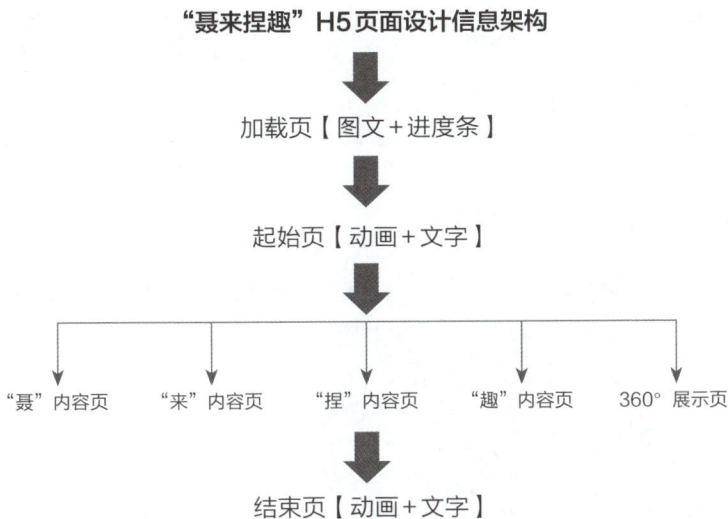

图 7-38 "聂来捏趣" H5 页面信息架构设计

图 7-39 "聂来捏趣"起始页设计

　　打开木疙瘩网站，创建作品，选择专业版。在素材库中创建文件夹，将素材导入素材库。

　　①制作初始状态。

　　a）导入背景图片，图层命名为"背景"。

　　b）新建图层"门"，置入"门"图片，调整大小，放置到舞台上。如图 7-40 所示。

第1章

拇指时代的阅读与"非遗"数字传播

第2章

别出心裁的策划创意

第3章

界面设计中的多维策略

第4章

营造沉浸式的交互体验

图7-40 置入"门"图片

c）新建图层，命名为"按钮标题"，置入"叫虎"图片按钮，调整大小，放置到门的下方，输入文字"enter"，调整尺寸和位置与按钮对齐，按住【Alt】键吸取门的颜色。如图7-41所示。

②制作门动画。

a）选中图层"门"的第2帧，单击鼠标右键选择"插入帧"，然后选择"插入关键帧"。如图7-42所示。

b）在第12帧单击鼠标右键选择"插入帧"→"插入关键帧动画"，将门放大，调整位置与舞台居中。如图7-43、图7-44所示。

c）在第13帧单击鼠标右键选择"插入关键帧"，回到第12帧，单击鼠标右键选择"复制关键帧"，在第13帧单机鼠标右键选择"粘贴关键帧"，将放大的门复制过来，取消组合，转化为元件。双击进入元件，插入三个关键帧，分别替换图像。如图7-45、图7-46所示。

图7-41　输入文字"enter"

图7-42　插入帧、插入关键帧

图7-43　插入关键帧动画

图7-44 将门放大

图7-45 转化为元件

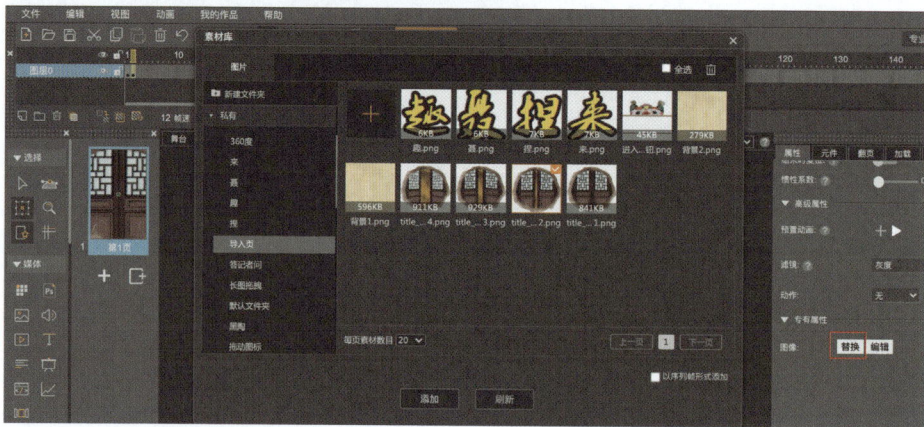

图7-46 替换图像

d）回到舞台，将"门"图层，延长至20帧。

③制作标题动画，开门后跳出。

a）在"按钮"图层第2帧插入关键帧，第20帧插入关键帧。

b）导入素材"聂"字，调整大小和位置，添加预置动画为"缓入"。如图7-47所示。

c）复制三次，排列好位置，后三个字替换成"来""捏""趣"。

d）分别调整"来""捏""趣"三个字的缓入效果，分别延迟0.5秒、1秒、1.5秒，可以实现四个字依次出现的效果。如图7-48所示。

e）将背景延长至20帧。

图7-47 添加预置动画为"缓入"

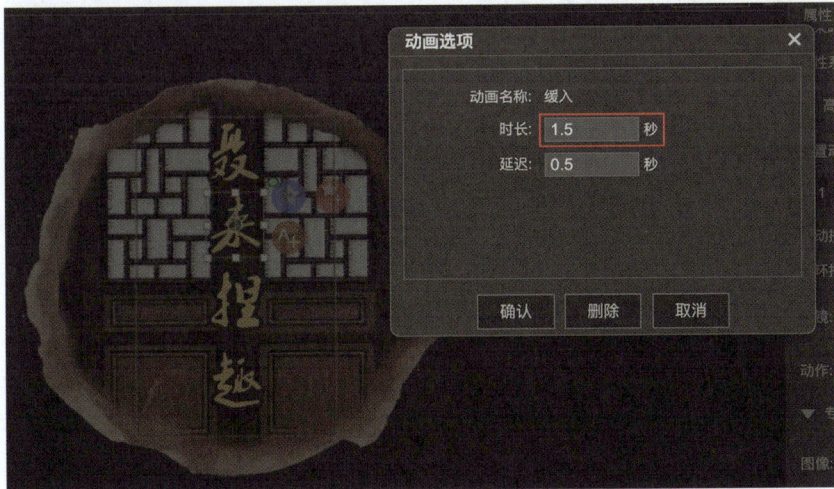

图7-48 设置缓入延迟

f）预览效果，动画不断重复。

④控制动画。

a）进入 "门" 元件，选中第4帧图片，设置 "行为" 为 "暂停"，"触发条件" 为 "出现"。如图7-49所示。

b）回到舞台，在 "门" 图层第1帧设置 "行为" 为 "暂停"，"触发条件" 为 "出现"。在按钮图片上设置 "行为" 为 "播放"，"触发条件" 为 "点击"。如图7-50所示。

c）选择 "门" 图层第1帧的图像，为 "门" 添加预置动画为 "放大进入"。如图7-51所示。

d）新建图层，在第20帧插入关键帧，绘制矩形，放置到舞台外面，设置 "行为" 为 "暂停"，"触发条件" 为 "出现"。预览效果。

图7-49 设置行为 "暂停"

图7-50 在按钮图片上设置行为 "播放"

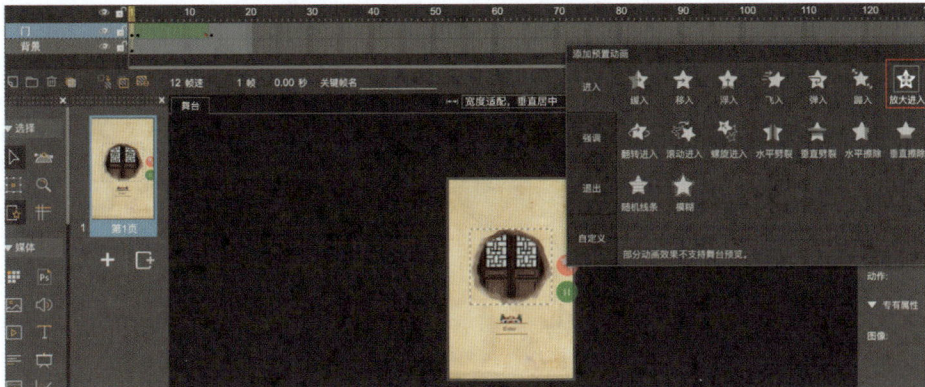

图7-51 为门添加预置动画为"放大进入"

【关键点提示】

a）门打开的动画在元件中完成。

b）舞台的第1帧和最后一帧都需要设置停止。

（2）"聂"内容页制作。页面描述："聂"页面主要内容是泥塑大师，介绍聂希蔚、聂臣希、聂鹏老中青三代泥塑艺人的从艺经历及其代表作品。首先是三个动态按钮依次从画面外进入到画面内，点击后弹出新的页面，以动态的图文介绍本栏目的内容，关闭后可以回到导航页。

导入"聂"内容页所需素材，添加新页面。

①初始状态。

a）在"属性"面板"背景图片"处，设置统一的背景图片，后面的页面都用同样的背景。图层1命名为"标题"，置入标题图片"聂"。

b）新建图层"展示"，置入展架、泥塑和大师名字的图片，调整大小位置，注意调整图片的排列顺序。如图7-52所示。

c）为标题、展架和泥塑添加预置动画，按需要设置动画延迟。如图7-53所示。

d）复制图片，进行排列并替换图片，调整好位置，注意图片的比例。

②制作内容。

a）新建图层"卷纸背景"，在第2帧置入图片，绘制宽291像素、高520像素的矩形，与舞台对齐，填充透明黑色。置入卷纸图片，调整位置，添加"缓入"动画。如图7-54所示。

图7-52 置入展架、泥塑和大师名字的图片

图7-53 为标题、展架和泥塑添加预置动画

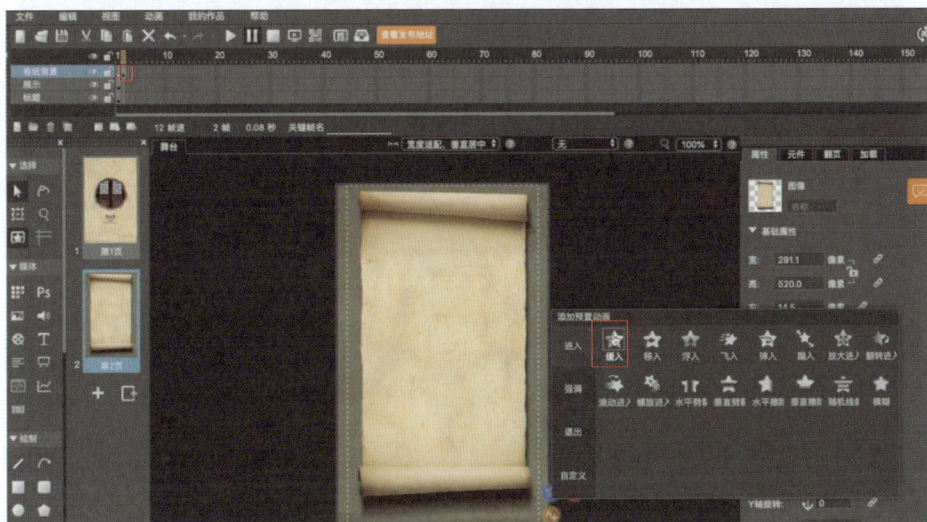

图7-54 添加"缓入"动画

b)新建图层"介绍",在第2帧插入空白关键帧,置入聂希蔚作品、名字和介绍文字,调整大小和位置。

c)为卷纸添加"缓入"动画,作品和名字添加"缓入"动画并延迟1秒,介绍文字添加"移入"动画并延迟1.5秒。设置关键帧名为"介绍1"。如图7-55所示。

图7-55 设置关键帧名为 "介绍1"

d）在第3帧插入关键帧，设置关键帧名为 "介绍2"，将图片替换为聂臣希的作品、名字和介绍文字。用同样的方法，在第4帧插入关键帧，设置关键帧名为 "介绍3"，图片替换为聂鹏的作品、名字和介绍文字。同时将卷纸背景延长到第4帧。如图7-56所示。

③制作热区。

a）新建图层 "热区"，绘制矩形覆盖聂希蔚的内容，添加行为 "跳转到帧并停止"，选择帧名称为 "介绍1"。矩形复制两次，调整位置，分别修改帧名称为 "介绍2" 和 "介绍3"。如图7-57所示。

b）选择三个矩形，不透明度调整为 "0"。

④控制动画播放。

a）新建图层，在舞台外绘制矩形，设置 "行为" 为 "暂停"，"触发

图7-56 设置"介绍2"和"介绍3"的关键帧

图7-57 添加行为"跳转到帧并停止"

条件"为"出现",设置帧名称为"返回"。

b)在第2帧插入空白关键帧,置入"关闭"图片,调整大小放至右上角,设置"行为"为"跳转到帧并停止",选择帧名称"返回"。如图7-58所示。

图7-58 设置行为"跳转到帧并停止"

（3）"来"内容页制作。页面描述："来"页面介绍了聂家庄泥塑的起源、盛行、再发展和现代发展四个阶段的发展脉络。制作重点是应用遮罩图层使内容逐渐出现。

导入"来"内容页所需的素材。

①初始状态。

a）置入背景，将标题"来"置入，调整大小和位置，图层命名为"背景"。

b）新建图层"叫虎"，置入叫虎图片，调整大小和位置，添加"缓入"效果，可适当延长时间。

c）新建图层按钮，绘制红边圆形，输入文本"1"，颜色为红色，设置字体、字号，与圆形对齐，编组。

d）组合复制三个，调整位置，全选，点击鼠标右键，选择"对齐"→"上对齐"→"均分宽度"，按照顺序依次更改数字。如图7-59、图7-60所示。

②制作内容。

a）新建图层"图片"和"内容"。在"图片"图层第2帧插入空白关

图7-59 上对齐、均分宽度设置

图7-60 按钮排版效果

键帧，分别置入起源泥塑和印章图片，调整大小位置，添加"移入"和
"缓入"效果。

　　b）将背景延长。在"内容"图层第2帧插入空白关键帧，插入起源
文字图片，调整大小位置。

c）新建图层遮罩，在第2帧插入空白关键帧，绘制矩形，大小确保覆盖文字，移到文字右边。在第32帧插入关键帧动画，内容延长至32帧，将矩形拖动覆盖文字。将图层转换为遮罩层，拖动播放头浏览效果。如图7-61所示。

d）将 "图片" 图层延长至32帧。

③动画控制。

a）新建图层 "控制"，舞台外绘制矩形，设置 "行为" 为 "暂停"，"触发条件" 为 "出现"。

b）在第2帧、32帧插入关键帧，清空第2帧。如图7-62所示。

c）复制帧，将复制的帧等段粘贴到相应图层后面的帧，共粘贴三组。如图7-63~图7-65所示。

d）分别替换 "图片" 图层和 "内容" 图层第33帧、64帧、95帧的图片，注意比例有变化的适当调整。

图7-61 将图层转换为遮罩层

图 7-62　清空关键帧

图 7-63　复制帧

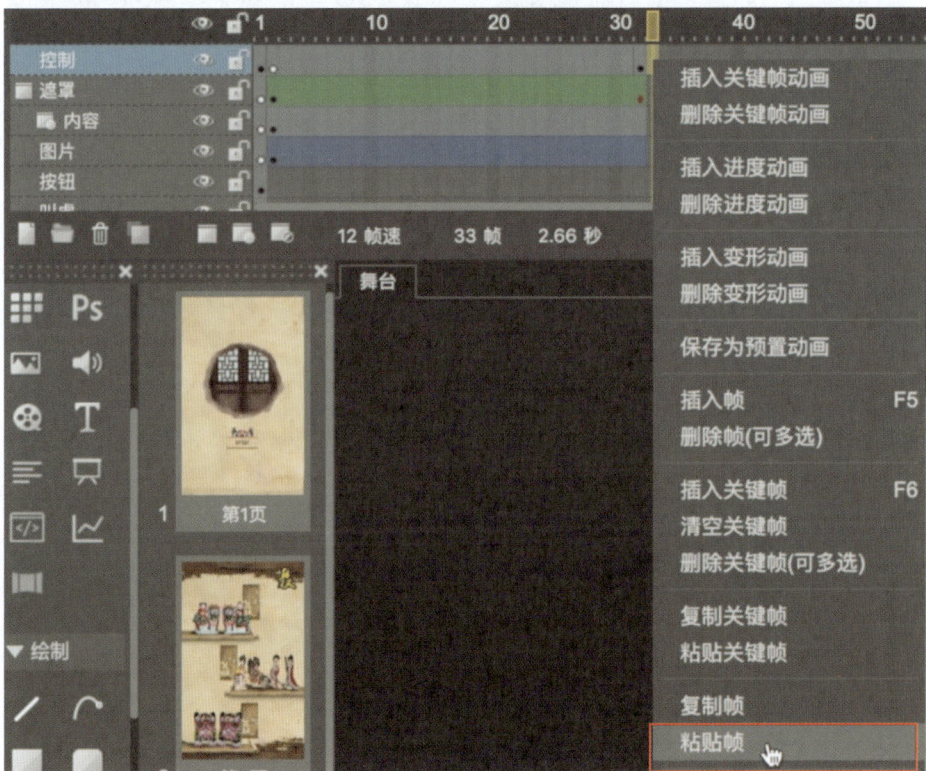

图 7-64　粘贴帧

　　e）将按钮图层延长到 125 帧。为按钮 1 添加行为"跳转到帧并播放"，帧号为"2"，用同样的方法为按钮 2 ~ 按钮 4 设置跳转行为。如

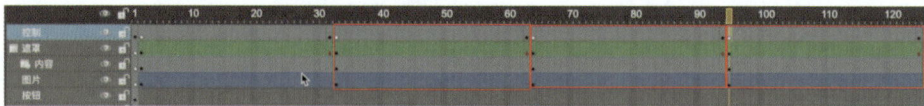

图7-65 共粘贴三组

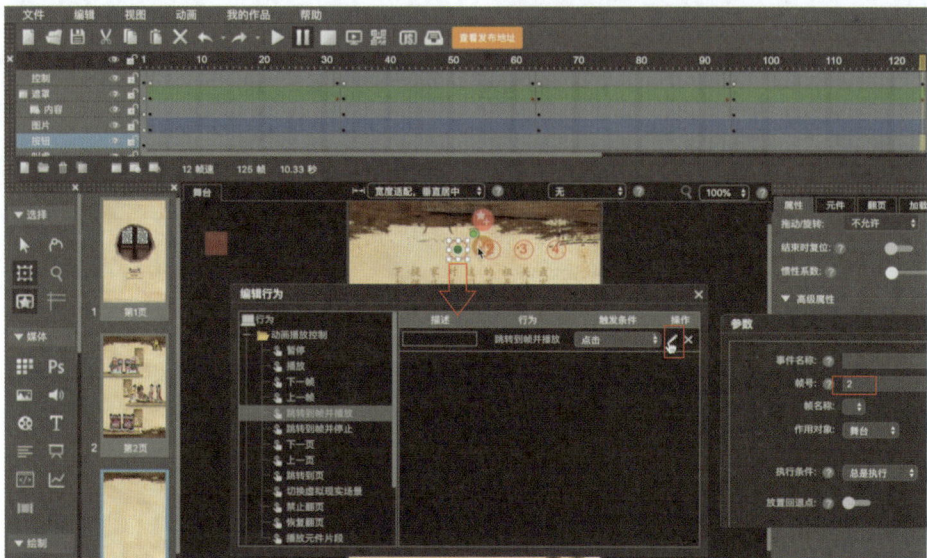

图7-66 添加行为"跳转到帧并播放"

图7-66所示。

f）为按钮图层第2帧、32帧、63帧、94帧添加关键帧，将相对应按钮的圆形改成透明的红色。

g）背景层延长至125帧。

（4）"捏"内容页制作。页面描述："捏"页面展示聂家庄泥塑的制作流程。页面制作与"聂"页面基本相同，都是采用给帧命名、为按钮添加跳转到帧的行为，不同的是，"聂"页面中的行为是添加到图形上，而"捏"页面则是添加到元件里。

导入"捏"内容页所需素材。

①起始状态。

a）新建页面，置入背景图片，调整大小位置，添加"缓入"动画。

b）置入标题"聂"，调整大小，放至右上角，添加"缓入"动画。图层命名为"背景"。

②制作内容。

a）新建图层"内容"，置入标题图片，添加"缓入"效果，添加"行为"为"暂停"，"触发条件"为"出现"。

b）在第2帧插入关键帧，替换图片，关键帧名为"内容1"，注意将背景层延长便于观察。用同样的方法制作"内容2"~"内容6"。如图7-67所示。

③制作按钮。

a）新建图层"按钮"，置入"泥"图片，转换成元件，进入元件，在第2帧插入关键帧，替换图片；在第1帧添加三个行为："暂停"行为，"触发条件"为"出现"；"下一帧"行为，"触发条件"为"点击"；"跳转到帧并停止"行为，"触发条件"为"点击"，"帧名称"为"内容1"，"作用对象"为"元件自身"。如图7-68所示。

b）回到舞台，将元件改名为"button01"，复制元件，改名为"button02"，双击进入元件，替换图片；以同样的方法完成其余四个按钮。

c）将元件拖放到舞台上，调整六个按钮的大小和位置，排列对齐。

d）从第2个按钮开始，更改"跳转到帧并停止"行为的"帧名称"为"内容2"，其余按钮同样操作。预览效果，按钮点击后没有恢复原状。将按钮1命名为"button01"，依此类推。如图7-69所示。

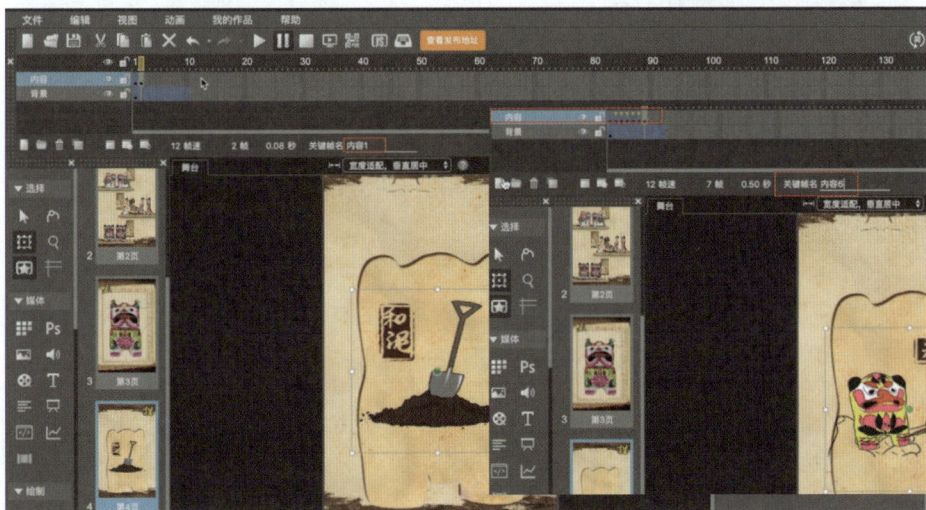

图7-67　插入关键帧并设置关键帧名

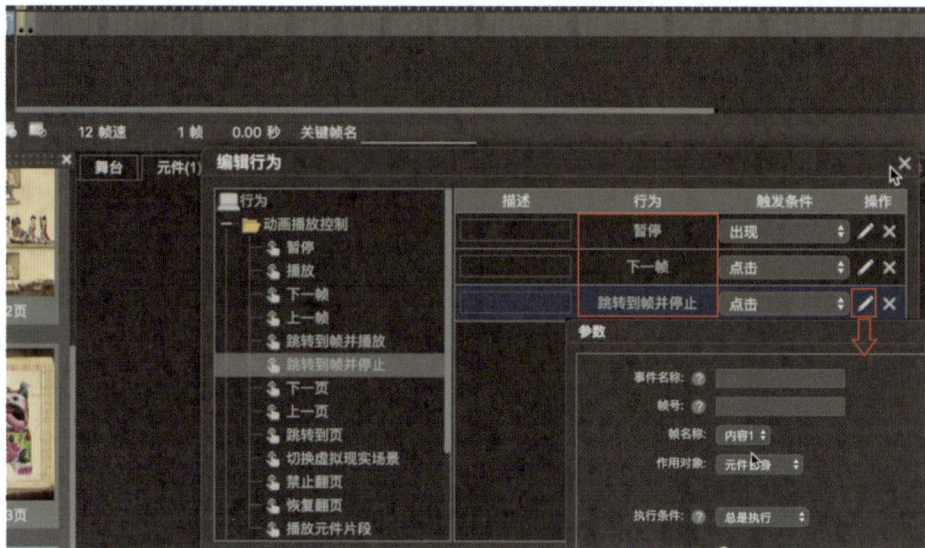

图7-68 添加编辑行为

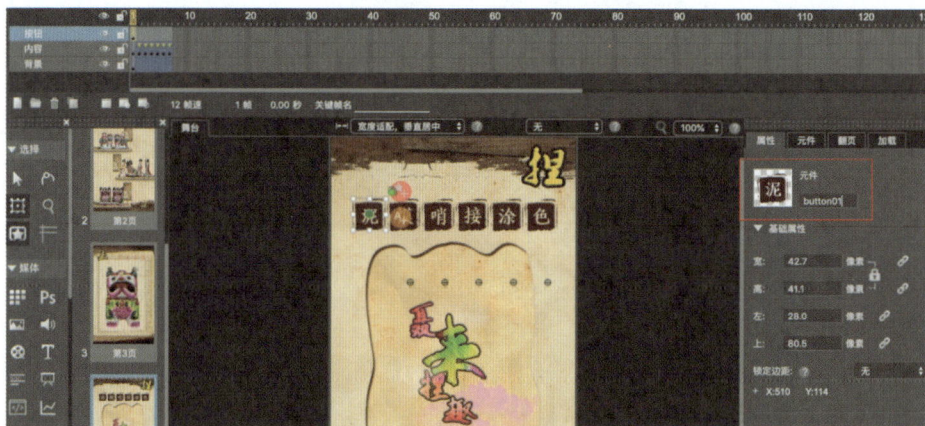

图7-69 为按钮命名

e）双击进入第一个按钮元件，第1帧添加五个"播放元件片段"的行为，分别设置点击时另外五个元件播放起始帧号为"1"，结束帧号为"1"。如图7-70所示。

f）通过添加预置动画为按钮添加"悬摆"效果。

（5）"趣"内容页制作（第一个页面"一声响"）。页面描述："趣"页面分为两个页面，主要是展示聂家庄泥塑的作品，第一个页面"一声响"展示的是聂家庄泥塑四个最为经典的泥塑玩具，叫虎、摇猴、吧嗒棒和叫鸡。采用长图拖动的方式。

导入"趣"内容页所需的素材。

①初始状态。

a）新建页面，置入背景图，设置高度为"520"像素，调整位置。

b）置入烟花图片，与背景图组合。设置"水平拖动"。如图7-71
所示。

c）新建图层"提示"，插入提示图片，绘制宽320像素、高520像素
的矩形，与舞台对齐，颜色设置为透明白色。命名为"滑动提示"。

d）添加行为"改变元素属性"，"元素名称"为"滑动提示"，"元素

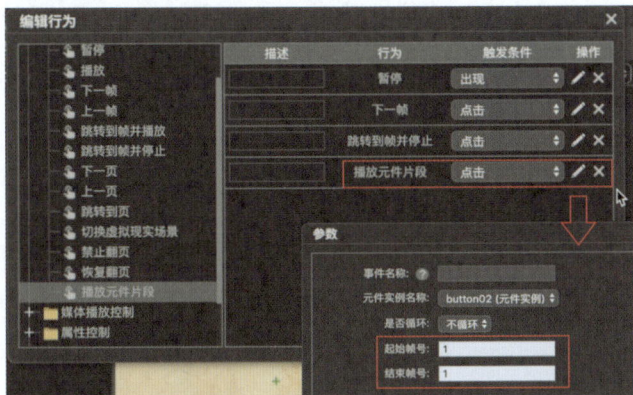

图7-70 添加五个"播放元件片段"行为

图7-71 设置"水平拖动"

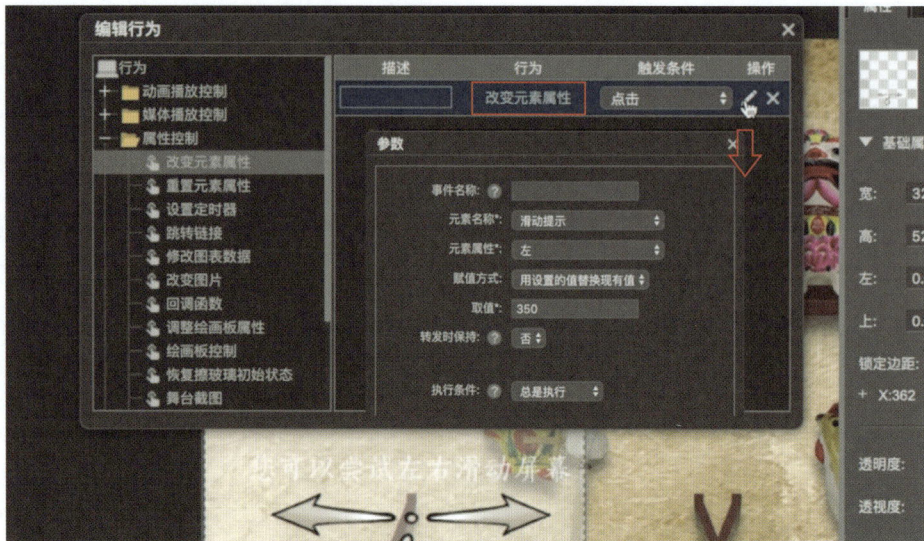

图7-72 添加行为 "改变元素属性"

属性"为"左","取值"为"350"。如图7-72所示。

②制作内容。

a)新建图层"叫虎",置入叫虎内容图片,转换为元件,制作透明度从浅到深的关键帧动画,将元件命名为"叫虎内容"。

b)在元件库中将元件命名为"叫虎",复制元件,命名为"摇猴"并替换图像,同样的方法完成"吧嗒棒"和"叫鸡"元件。

c)创建图层"摇猴""吧嗒棒""叫鸡",放置相应的元件,并且命名为"摇猴内容""吧嗒棒内容""叫鸡内容"。

③制作按钮。

a)进入长图组合,在叫虎上绘制矩形,添加行为"改变元素属性","元素名称"为"叫虎内容","元素属性"为"左","取值"为"0";添加播放元件片段,选择元件"叫虎","起始帧号"为"1","结束帧号"为"10"。如图7-73所示。

b)复制矩形到摇猴、叫鸡和吧嗒棒图片上,根据前面所设置的参数,调整尺寸和行为的参数。

c)将矩形透明度设置为"0"。

d)回到舞台,为"叫虎"元件添加行为"改变元素属性","元素名

图7-73 添加播放元件片段

称"为"叫虎内容","元素属性"为"左","取值"为"350",用同样的
方法完成其他按钮元素的行为添加。

（6）"趣"内容页制作（第一个页面360°展示）。页面描述：内容页
"趣"的第二个页面，对四个泥塑作品进行360°展示，用户可以控制转
动的位置，根据喜好查看展品不同角度的细节。

①初始状态。

a）新建页面，插入标题图片，调整大小，放至右上角。

b）新建图层"展示"，置入展示图片，调整大小位置，添加"移入"
效果。

c）复制图片，调整位置。

d）替换图片，并调整"移入"的方向。

e）输入文本"360°展示"，调整字体、字号和颜色，添加"打字
机"效果。

②制作内容。

a）新建图层"叫虎背景"，在第2帧插入空白帧，置入图片，调整大
小位置，背景层延长至第5帧。

b）在图层"黑色背景"第2帧插入空白帧，绘制宽320像素、高

520像素的透明黑色矩形，与舞台对齐，将 "叫虎背景" 延长。

c）新建图层 "内容"，在第2帧插入空白帧。

d）在元件库新建元件，双击进入元件，将14张叫虎图片依序选择，以序列帧形式添加，回到舞台，将元件命名为 "叫虎360"，将元件拖至舞台中，调整大小位置。如图7-74所示。

图7-74　添加序列图像

e）在第3帧新建空白关键帧，用同样的方法制作 "八仙360" 元件，并置入舞台。依此类推完成 "吧嗒棒360" 以及 "和合360" 元件的制作。

③控制360° 旋转。

a）新添图层 "控制条"，在第2帧插入空白关键帧，绘制矩形。

b）置入叫虎小图标，放至左侧，与控制条对齐。移到页面右侧记录左边距为 "247"，命名为 "转动"。

c）选择 "叫虎" 元件，在属性栏中启用动画关联，"关联对象" 为 "转动"，"关联属性" 为 "左"，"开始值" 为 "0"，"结束值" 为 "247"。如图7-75所示。

d）选择小图标，在属性中设置为 "水平拖动"。如图7-76所示。

e）同样的方法将其余四个动画与 "转动" 相关联。

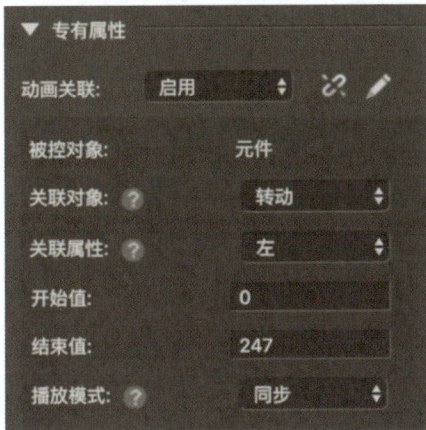

图7-75 启用动画关联

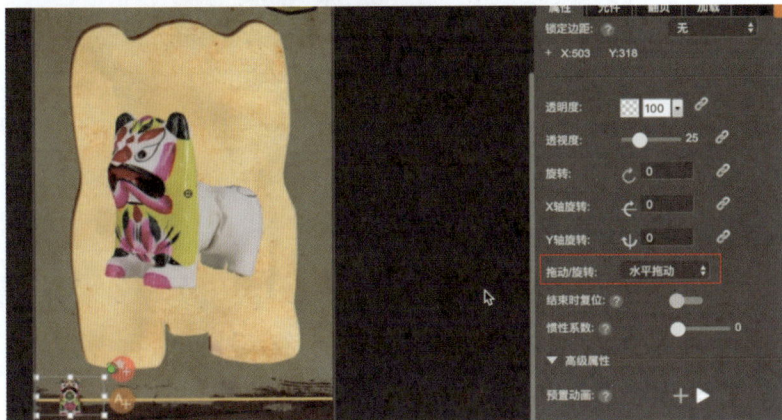

图7-76 设置水平拖动

④控制动画。

a）将"内容"图层的第1帧命名为"舞台"，第2帧为"展示1"，第3帧为"展示2"，第4帧为"展示3"，第5帧为"展示4"。

b）回到第1帧，选择叫虎展示图片，添加行为"暂停"，"触发条件"为"出现"，分别为四张展示图片添加"跳转到帧并停止"的行为，使其点击时跳转到对应的帧。如图7-77所示。

c）新建图层"控制"，在第2帧插入空白关键帧，置入"关闭"图片，放至叫虎背景右上角，添加行为"跳转到帧并停止"，帧名称为"舞台"。

d）最后，为叫虎背景、黑色背景、关闭图片添加"缓入"效果。

预览效果，页面制作完成。

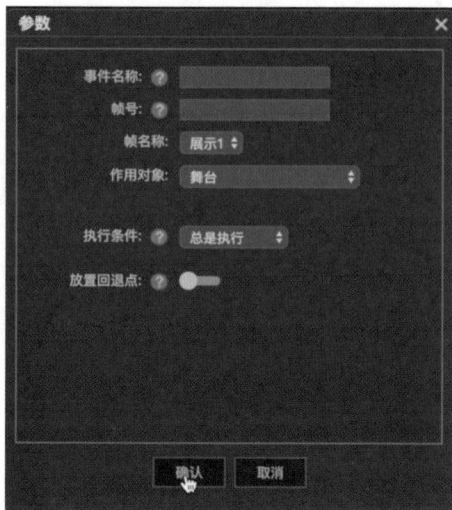

图7-77 "跳转到帧并停止"的行为参数

（7）结束页制作。页面描述：结束页采用短小的动画，对聂家庄泥塑进行简短的总结和说明。

①新建页面，置入标题图片，调整位置大小。

②为图片添加从上向下的"移入"效果。

③新建图层，在第16帧插入空白关键帧，输入文本，调整字号、行距、颜色。

④在第45帧插入进度动画，制作文字打字效果。

⑤将图层1延长到45帧。

⑥新建图层，在第45帧插入空白关键帧，舞台外绘制矩形，添加行为"暂停"，"触发条件"为"出现"。

⑦预览效果，完成制作。

7.2.7 项目延展

（1）技术延展。除了实现本项目所涉及的预置动画、360°浏览、全景图、按键点击跳转、动画交互等效果，还可以根据所选项目的特征进行个性化的交互设计。如作品"甘肃彩陶"中以介绍彩陶作品为主线，以长图拖拽实现了历史脉络时间轴播放、360°旋转查看展品细节，纹饰对比展现纹饰韵律等沉浸式的用户体验效果。如图7-78所示。

（2）设计延展。随着移动终端硬件的升级、H5技术的发展以及微信平台的开放，H5页面的跨平台、低成本、快迭代等优势被进一步凸显。吸引用户的H5页面需具备几个关键点：抓眼球、享视听、打动人、暗自喜、易参与。设计师则需要结合项目特性"定基调、编故事、抓细节"，给用户一个"惊喜打开、乐于分享、主动传播"的理由，用最适合、有效的方式实现产品或服务的最大化。基于微信的"非遗"H5页面传播随着技术的发展在形式上还会不断更新，但传播的目标只有一个——用当下受众新闻乐见的交互形式让传统文化在指尖得到传播与创新。

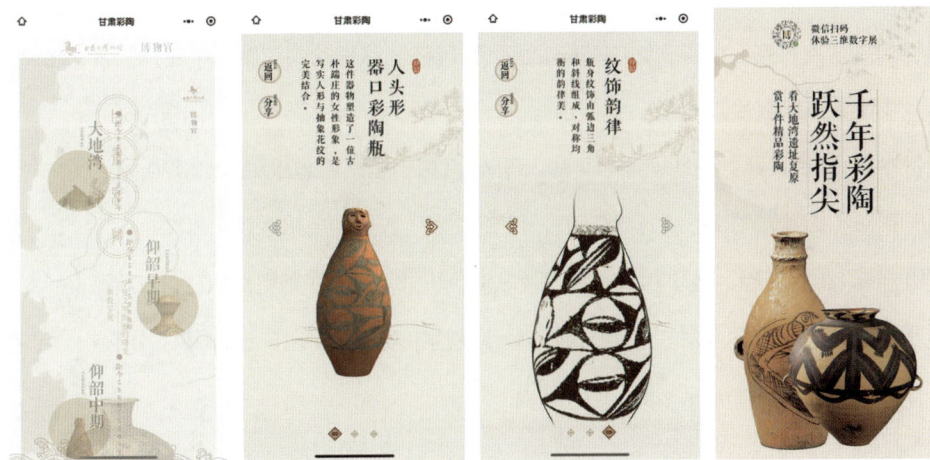

图7-78 "甘肃彩陶"H5作品

参考文献

[1] 中国数字出版产业年度报告课题组.迈向纵深融合发展的中国数字出版：2018—2019中国数字出版产业年度报告（摘要）[J].出版发行研究，2019(8)：16-21.

[2] 李晨.视觉传达设计中的多感官表达[J].包装工程，2020，41（4）：288-290.

[3] 陈枫，王峰.VR/AR技术在虚拟博物馆游览系统中的应用研究：以故宫博物院为例[J].大众文艺，2020(4)：61-62.

[4] 卢纯福，朱顺吉，吴剑锋.面向临时用户的信息架构的可用性研究[J].装饰，2020(9)：95-99.

[5] 彭帆.数字化背景下沉浸式虚拟现实交互艺术设计的原则及评价[J].长春师范大学学报，2020，39（8）：186-189.

[6] 伊恩·克鲁克，彼得·比尔.动态图形设计基础:从理论到实践[M].王洵，译.北京：中国青年出版社，2017.

[7] 由芳.交互设计：设计思维与实践2.0[M].北京：电子工业出版社，2020.

[8] 彭澎，约翰强尼.H5创意与广告设计[M].北京：人民邮电出版社，2019.

[9] 司晟.指尖世界：移动App界面设计之道[M].北京:人民邮电出版社，2017.

[10] 陈根.图解交互设计：UI设计师的必修课[M].北京：化学工业出版社，2021.